JN409394

실뜨기

함무성 수필집

실뜨기

인쇄 2022년 10월 20일
발행 2022년 10월 25일

지은이 함무성
발행인 서정환
펴낸곳 수필과비평사
주소 서울시 종로구 삼일대로 32길 36(익선동 30-6 운현신화타워 빌딩) 305호
전화 (02) 3675-3885, (063) 275-4000 · 0484
팩스 (063) 274-3131
이메일 sina321@hanmail.netessay321@hanmail.net
출판등록 제300-2013-133호
인쇄 · 제본 신아출판사

ISBN 979-11-5933-417-7 03810

값 14,000원

실뜨기

함무성

수필과비평사

작가의 말

음악교사였던 선배는 늘 글 잘 쓰는 사람이 부럽다고 했다. 때때로 차오르는 예술적 감성과 얽히고설킨 삶의 애환이 교차될 적마다 속마음을 풀어낼 줄 몰라 답답하다고 했었다.

내가 선배의 답답증을 이해하게 된 것은 교직을 떠난 훨씬 뒤였다. 늘 세상사를 헛배운 탓일까. 한 발짝씩 뒤늦게 출발하고, 끈기조차 부족하다 보니 제대로 할 줄 아는 것이 없다.

여고 시절에는 국어 선생님이 추천해 주신 타고르의 『기탄잘리』를 읽으며 순수를 지향했지만, 한 삶을 살아 낸다는 것은 그리 녹록지 않았다. 선배의 말처럼 표현할 수 없는 답답증이 느껴졌다.

늦깎이 학생이 되어 대학교 평생교육원 수필창작교실에서 공부를 시작했다. 아주 조금씩 출구가 보이는 느낌이다.

지난至難했던 일도 글로 더듬어보니 한 폭의 작품이었고, 마디마다 정갈하게 매듭지으며 살아온 나는 누가 뭐래도 내 인생의 예술인이다.

자연 속에서 만나는 생명체들의 말이 들리는 듯하고, 나이가 늘어나니 감성도 더욱 깊어져 담아놓을 그릇이 필요했다. 용기를 내어 글로 속내를 드러내 놓고 나니 오히려 담담해지고 자유로워지기도 한다.

모든 '처음'은 서툴다. 그러나 그 속에는 정제되지 않은 진짜의 '나'가 들어있다.

첫 수필집을 엮으며 또다시 뒤늦은 출발을 했지만 조심스레 고인 물을 퍼 올리듯 글을 쓰고 싶다.

2022년 시월에 숲속마을에서

함무성

차례

제2부 겨울에는 쉬었다 가자

차례

제3부 실뜨기

제4부 엄마

차례

제5부 울게 하소서

제1부

가지치기

가지 치는 시간은

떨어져 나가는 나뭇가지와 함께

마음속 곁가지도 버리고

먼지처럼 떠다니던 상념想念도

버리는 시간이다.

— 〈가지치기〉 중에서

가지치기

한줄금 비 지나간 잔디 위에 아침 햇살이 눈부시다. 그러나 도무지 움직일 의욕이 나지 않는 날이다. 간밤에, "전화도, 문자도 보내지 마세요!"라는 딸의 문자를 받았다. 오밀조밀 얘기를 하다가도 가끔씩 연락을 끊기 일쑤라서 적당히 거리를 두어 보지만, 간혹 내 안의 나는 그 거리만큼 외롭다고 느낄 때가 있다. 오늘이 그렇다.

뜰에 나와 무심히 이곳저곳을 둘러본다. 어색한 자세로 서 있는 아랫집 소나무가 눈에 들어온다. 대문 옆에 바짝 붙어선 채 뿌리는 담 밑으로 뻗고, 가지는 길 쪽으로 자라고 있다. 어설픈 자세로 보아 아마도 자생自生한 게 아닌가 싶다. 내가 이 마을로 이사 왔을 때만 해도 작은 나무였는데 여러 해가 지난 지금은 제법 컸다. 생뚱맞은 곳에 터를 잡았지만 주인의 무관심 덕에 오히려 뽑히지 않고 지금껏 살아남았나 보다.

무더운 여름날에 이곳 숲속마을로 이사하던 날, 가녀린 모습의 아랫집 안주인은 땀범벅이 된 우리에게 시원한 매실음료를 가져왔었다. 그는 정원을 잘 가꾸던 분이었는데 오랜 투병 끝에 안타깝게도 내가 이사 온 이듬해에 세상을 떠났다. 그 후 혼자 남은 남편은 의욕을 잃은 채 정원을 방치하고 있다. 아무것도 하고 싶지 않다고 했다. 그 때문에 소나무들은 제멋대로 자랐고 온갖 새들만 날아와 둥지를 틀었다.

반송은 해묵은 초가집처럼 되었고, 울타리의 쥐똥나무 역시 사방으로 무성하기만 하다. 상실감에 의한 상처가 깊고 커서 아무것도 하고 싶지 않다는 아랫집 주인의 심정이 느껴지는 날이다.

돌아보니 우리 집에도 나무들이 부쩍 성장해서 다듬어야 할 곳이 많이 눈에 띈다. 애써 무력감을 털어내고 더 늦기 전에 가지를 치기로 했다. 창고에서 사다리와 톱, 길고 짧은 몇 개의 전지가위를 챙겨서 넙죽바위 위에 가지런히 올려놓고 일을 시작했다.

먼저 명자나무 아래 움돋은 가지를 다듬고, 철쭉과 배롱나무의 마른가지를 정리한 뒤 소나무에 매달렸다. 소나무는 연중 돌봐야 하는 나무이다. 가지치기는 물론이고 순 자르기, 수형 잡기, 솔방울 따내기 등 손이 많이 간다. 전지剪枝가위와 작은 톱을 접어서 앞치마의 주머니에 넣고 사다리에 올라섰다. 다듬어야 할 가지들이 눈에 들어왔다.

가지치기란 수목의 형태를 아름답게 만들거나, 나무의 건강을 위해 불필요한 가지를 잘라내는 일이다. 특히 소나무는 다듬어 주지 않으면 금세 더벅머리가 되고 잔가지를 그냥 두면 속에서 말라 버리거나, 원 가지가 굵어질 힘이 분산된다.

아래로 처진 가지, 위로 솟은 가지, 교차된 가지, 웃자란 가지를 잘라 주어야 한다. 간혹 어설픈 위치에서 호밋자루만큼 굵어진 가지도 눈에 띈다. 바로 희생지犧牲枝이다. 활발한 광합성으로 나무의 몸통을 살찌우는 데 공헌했지만 풍족한 햇빛과 바람을 받게 하기 위해, 또 나무 모양을 아름답게 유지하기위해 적절한 때에 버려야 할 가지이다.

희생지를 자를 때는 신중히 결정해야 한다. 선택된 가지를 자를 때면, 불현듯 성장하여 집 떠난 자식도 생각나고, 수명을 다하여 안락사로 떠내 보낸 반려견도 떠오른다.

희생지를 톱으로 자른 후에는 단면에 균이 침입하지 못하도록 황토를 이겨서 붙여 주었다. 나무 스스로 송진을 뿜어내어 견디어 내기도 하지만, 사람의 동맥과 정맥 같은 나무의 물관,

체관이 크게 상처를 입으면 아픔을 극복하느라 힘도 들고 성장도 느리기 때문이다.

땅을 향해 처진 가지들을 미련 없이 잘랐다. 우리도 나아갈 삶의 방향에 맞지 않는 일은 과감히 버리듯이 방향이 잘못된 가지들을 잘랐다. 위로 솟구친 가지를 자를 때는, 문득 오만한 자세로 솟구친 탓에 실패를 거듭했던 과거의 내 모습이 떠올랐다. 무수히 붙어있는 불필요한 곁가지를 보자니 그 또한 오지랖 넓은 나와 같다는 생각이 들었다.

자식을 내가 바라는 방식대로 바꾸려 했던 일, 유연성을 잃고 고집만 부리던 일, 허둥대며 이어왔던 번잡한 인간관계까지도 지금 와서 생각해 보니 다 불필요한 일들이었다. 수시로 마음에서 일어나는 불만과 욕심, 부정적인 생각이 사람의 품격을 떨어뜨리는 줄도 모른 채, 그것이 열정인 줄만 알았던 날들도 모두 곁가지들이었다. 지나온 세월 동안 많은 일들이 어긋났었고, 오랫동안 부담에 눌려서 생각조차 편협해지고, 마음결 또한 거칠어진 때가 얼마나 많았던가. 이젠 가지치기하듯 정리할 때가 된 듯하다.

가지치는 시간은 떨어져 나가는 나뭇가지와 함께 마음속 곁가지도 버리고 먼지처럼 떠다니던 상념想念도 버리는 시간이다. 홀가분한 느낌이다. 힘든 작업이 오히려 의기소침한 맘을 떨쳐내고 의욕을 찾게 할 수 있다니…….

나뭇가지 속으로 머리를 들이밀고 가지를 잘라내는 동안 소나무의 마른 바늘잎은 옷 속으로 파고들고, 떨어진 잔가지들을 뒤집어써도 힘들지 않다. 이제 잘 다듬어진 나무는 햇빛과 바람을 맘껏 받으며 건강하게 자랄 것이다.

크고 작은 소나무 서너 그루의 가지치기를 다 마치고 나니 아랫집 문지기 소나무가 눈에 밟힌다. 뒤엉킨 가지들은 어떻게든 살아내려는 몸부림의 흔적 같았는데, 다듬어 놓고 보니 틀어진 몸통이 의외로 멋져 보였다. 사람에게도 힘든 삶이 다 나쁜 것만은 아니듯 옹이가 많고 뒤틀리며 더디 자란 나무가 더 볼품이 있다.

다듬어진 문지기 소나무를 서너 걸음 뒤로 물러서서 바라보니 시원하게 양팔 벌리고 서 있는 녀석이 나를 보고 환하게 웃는 듯하다.

그나저나 불필요한 가지를 훌훌 털어낸 대문 옆 소나무를 귀가하는 그 집 주인이 알아볼 수는 있으려나.

여러 해가 지나도록 우울감에 묻혀 사는 아랫집 주인도 이제는 마음의 잔가지들을 다 떨쳐 버리고, 그 아내가 가꾸던 정원을 돌보며 활기차게 사는 모습을 보고 싶다.

오늘 하루의 내 직업은 정원사였다.

갈등

숲속마을은 경사가 조금 가파른 산속에 있다. 아직 도로 포장이 되지 않아서 비만 오면 군데군데 흙이 쓸려 내려가 길이 파여 나간다. 그때마다 열한 가구 마을 주민들은 삽과 곡괭이로 함께 길을 메우고 다지는 작업을 반복하면서도 즐거워한다.

'숲속마을-자연과 친구 되는 사람들'이라고 마을 입구 큰 바위에 이렇게 새겨 넣고, 마을을 함께 가꾸며 살아간다. 그러나 사람 사는 곳은 어디나 그렇듯 가끔 이웃끼리 크고 작은 일에서 생각이 엇갈리는 경우가 있기 마련이지만 상대방을 존중하는 마음만 가진다면 크게 풀지 못할 일은 없는 듯하다.

마을 주민 여섯 사람이 길 보수작업을 마친 후 읍내에 있는 중국 음식점으로 식사를 하러 간 날의 일이었다. 일행 중 세

사람은 자장면을, 두 사람은 짬뽕을 주문했으나 마을 끝집에 사는 딸기할아버지는 미처 결정을 못하고 있었다.

해물 가득한 짬뽕의 얼큰한 국물도, 볶은 야채 듬뿍 넣어 비빈 자장면의 구미 당기는 맛도 포기하기가 쉽지 않은 모양이었다. 짬뽕과 자장면을 함께 먹을 수 있는 '짬짜면'이 대학가 중식집의 어엿한 메뉴로 자리 잡은 것을 보면, 많은 사람들이 딸기할아버지처럼 메뉴판 앞에서 쉽게 결정하지 못하고 갈등하기 때문이 아닌가 싶다.

갈등葛藤이란 칡넝쿨과 등나무넝쿨의 얽힘과 같이 뒤엉켜 꼬이는 상태를 말한다. 칡넝쿨은 오른쪽으로 줄기를 감고 자라고, 등나무는 왼쪽으로 줄기를 감는다. 둘이 넝쿨을 휘감으며 자랄 때는 당연히 겹치기도 하고 엉키기도 한다. 풀기가 쉽지 않아서 '칡과 등나무'라는 고유 명사만 가지고 '갈등'이라는 단어를 만들어 단번에 그 복잡한 상황을 설명한다.

돌이켜 보면 사는 동안 나에게도 그렇게 갈등으로 엉킨 일들이 많았다. 집을 이사하려 했을 때는, 편리하고 따뜻한 아파트가 좋을까, 일거리는 많지만 꽃 심고 채소 가꿀 수 있는 텃밭 달린 주택이 좋을까, 고민하기도 했다.

병중인 친정어머니를 요양원으로 모셔야 할지, 노인 병원으로 모셔야 할지 선뜻 결정하기가 어려워 형제들 간에 의견이 분분해 갈등한 적도 있었다. 한때는 피붙이가 아닌 손아래 동서와 겪는 갈등은 골이 깊어서 평생 안 볼 사이도 아닌데 '내가 먼저 손 내밀어 화해를 청해볼까.' 아니면 '이참에 아주 안 보고 살지.' 라고 입을 앙 다물기도 했다.

갈등은 사람의 성격이나, 자라온 문화적 환경, 직업 등에서 고정된 자신의 정체성에 어긋난다고 생각될 때 겪는다.'정체성'이 나의 존재에 중요한 의미를 부여하기 때문이다. 누구라도 자기 정체성이 위협 받는다고 느끼게 되면 위기감으로 인한 심적 갈등이 더욱 고조되어 해결의 실마리를 찾기가 쉽지 않다.

우리 삶은 끝없는 선택과 결정의 연속이어서 나 자신도 날마다 일어나는 소소한 일에서 수시로 갈등을 겪는다. 그 때마다 각각의 '갈등'은 자기방어에 급급하도록 유혹하여 내 안에 울타리를 단단히 치기도 하고, 오히려 공세로 돌아서 상대방에게 까칠하게 굴기도 하며, 그렇지 않을 때는 급격한 자존감 하락으로 우울감에 빠지게도 한다.

그 가운데서도 특히나 정치적 신념이나 종교적 갈등, 가족 간의 숨어있는 갈등은 타협하여 해결하기가 여간 어려운 게 아니다. 칡과 등나무가 꼬인다고 뿌리조차 잘라내면 그 생명은 끝난다. 갈등이 없는 삶이 다 좋은 것만은 아닐 것이다. 꼬인 실타래를 풀어내는 지혜를 찾아볼 일이다.

중국 음식점에서 갈등을 두고 상념想念에 잠긴 동안, 결국 딸기할아버지는 짬뽕을 택했다. 이쪽 식탁의 세 사람은 자장면을, 저쪽 식탁의 세 사람은 짬뽕을 주문한 것이다. 자장면 팀이 이 맛있는 걸 못 먹어서 어쩌시냐고 딸기할아버지를 놀렸다.

"그런 걱정일랑 붙들어 매슈. 시방 짬뽕 국물 다 마시고 자장면 양념 넣어서 비비고 있슈."

딸기할아버지를 보며 모두 박장대소를 했다. 크게 고민하지 않고 두 가지 음식 맛을 즐기는 재치가 신선하다.

작업도구를 챙겨들고 마을 옆 계곡을 따라 올라오는 길옆으로 칡덩굴이 실하게 번지고 있다. 오월에는 주렁주렁 매달린 등꽃을 즐기고, 더운 여름이 오면 칡꽃 향기도 흠씬 맡게 하는 '칡과 등나무'가 갈등을 말해주고 풀어내는 지혜도 알게 하는 하루였다.

그늘

잔디 마당에 그늘이 졌다. 금빛 부챗살처럼 퍼져서 내쏘는 여름햇살에 그늘도 짙다. 명도 차이만으로 만들어 내는 오래된 흑백사진 같다. 녹색 잔디 위로 단풍나무 가지들이 목탄으로 그린 것 같은 그늘을 내려놓았다. 그곳을 그림자라 하기에는 쓸쓸하고, 응달이라 하기에는 온도가 맞지 않는다. 그냥 그늘이라 하는 것이 적당하겠다.

알맞게 시원하고, 건조한 듯 부드럽고, 돌출되지 않고 소박하여 주변의 사물들과 잘 어울린다. 집 고양이 까미가 그늘 아래 바위 위에서 엎드려 자고 있다. 녀석이 밤 동안 야생 고양이들과 영역 다툼으로 한바탕 싸움을 했으니 낮에는 자야겠지. 잔디 마당에 내려앉은 무채색의 그늘이 평안을 주는 한 낮이다.

그늘은 신비롭다. 어둠도 아니고, 밝음도 아닌 것이, 공간 이곳저곳에 없던 무늬를 만들어 낸다. 반짝임도 없이 조용히 내려앉아 땅 위에 있는 모든 것들에게 입체감을 갖게 한다.

무채색의 미묘한 그늘이 편하게 느껴지는 것은 시원함 때문만이 아니라, 도심에 가득 찬 도발적인 원색의 물결들에서 피로했기 때문이기도 하다. 채색을 걸러낸 공간들은 가만히 바라보고만 있어도 편하다. 한낮의 그늘이 그렇고, 책을 읽던 다락방이 그렇고, 연서를 쓰던 희끄무레한 밤이 그렇다.

세월 따라 색채에 대한 내 취향도 달라진다. 예전에는 옷장 안에 울긋불긋한 색의 옷이 많았는데, 요즘은 거의 채도가 낮은 단색의 옷들이 걸려있다. 자칫 칙칙해 보이기도 하겠지만 오히려 은은한 느낌이기도 하다. 요즘은 외출할 때 검정 원피스를 교복인 양 자주 입게 된다.

사무실 이층의 미용실에 갔을 때였다. 원장에게, "내가 요즘 검정색 옷만 자주 입으니, 아마도 자신감이 결여되어서 움츠려 드나보다. 나이 탓인가." 했더니, 옆자리에서 머리 염색을 하던 분이, "오히려 당당해 보여요." 한다. 정말 그렇게 보일까.

뒤뜰에도 그늘이 한 겹 덮였다. 그곳에서도 생명이 움트고, 축축한 흙내음도 느낄 수 있다. 납작한 돌에 붙은 이끼와 톡톡 튀는 풀벌레도 산다. 옥잠화 그늘에서 진흙 뭉치인 양 숨어있던 두꺼비는 인기척에 놀라 네 발로 엉금엉금 기어서 숨고, 목과 머리를 고무줄처럼 늘이던 달팽이는 제 껍데기에 몸을 숨긴다. 그들은 그늘의 거주자이다. 음지 속에 터를 잡았어도 그들은 고독하지도 않고, 아쉽지도 않으며 오히려 안전하고 평안하리라.

그늘은 정직하다. 태양에 따라 위치와 명도만 달리할 뿐 과장도, 거짓도 없다. 내가 학생들과 함께 그림을 그릴 때는, 구도와 색채 못지않게 늘 그림자에 중점을 두었었다. 자세하게 사물을 관찰하지 않으면 그림자 표현을 놓쳐 버릴 때가 있기 때문이다. 그림자는 물체의 정직한 증거이다.

그늘의 비밀은 어디에 있는 걸까.

며칠 전에는 도예가인 지인으로부터 손수 만든 도자기 몇 점을 선물로 받았다. 반짝이는 스텐그릇과 투명한 유리그릇이 대세인 이즈음에, 투박한 빛을 띠는 도자기는 오래전부터 정든 물건 같다. 빛과 그늘을 적당히 버무린 듯, 누런 황톳빛과 암청색이 스며든 도자기가 주는 소박하고 담백한 느낌이 그늘과 닮아서일 게다.

나이가 들수록 정서도 그늘을 닮나 보다. 옷 색도 채도가 낮거나 무채색으로, 걸음걸이도 느리게, 음식도 순하게 먹게 된다. 반짝이는 새것보다는 오래도록 손맛들인 가구나 적당히 기름 배인 나무주걱이 편하고, 화려한 도시의 불빛보다는 다소곳한 시골 동네의 은은한 불빛이 좋다. 어머니의 태 속에서 시작한 생명이니 어둠이 원초적인 평안을 주는 건 당연하다.

그늘은 안전하다. 부모님의 그늘에서 걱정 없이 살았던 때는, 그 그늘의 고마움을 당연시 여겼다. 부모님이 다 떠나시고 나니, 세상을 밝음과 어둠, 희망과 절망, 선과 악으로만 보는 이분법 논리에 묻혀 늘 마음속에서 갈등하며 살았다. 부모님의 그늘이 삶의 완충지대였다. 그곳에는 인내와 포용과 용서의 비밀이 있었다.

해가 서산 도토리나무 숲을 넘어 기울었다. 선명하던 그늘이 어느새 대지 속으로 흔적도 없이 스며들었다. 한낮을 그늘에서 쉬던 고양이도 사라졌다. 빛이 강한 여름 동안은 소리 없이 왔다가 사라지기를 반복하는 그늘에서 긴장의 끈을 다 내려놓고 쉴 생각이다.

꿈

어둠침침한 동굴 문을 통과했다. 청록 물빛의 광활한 바다와 물위에 군데군데 웅장하게 솟은 바위들이 장엄하다. 하늘에 떠서 내려다본 바닷물 속에는 형형색색의 물고기가 무리지어 헤엄치고, 해초들이 넘실거리는 모습이 선명하다. 나는 힘껏 양팔을 노 젓듯 저으며 하늘을 날았다. 간밤에 꾼 꿈 이야기이다.

나는 잠꾸러기다. 어렸을 때도 "빨리 일어나지 않으면 네 아침밥은 없다."라며 깨우던 아버지의 목소리를 비몽사몽간에 들으면서도, 밥보다는 잠이 더 맛있었다. 태어날 때 잠의 여신 등에 업혀 나왔나. 어른이 되어서도 마찬가지여서 새벽부터 일어나 마당에 풀을 뽑던 남편도 안방 창문을 톡톡 두드리며, "그만 일어나세요." 하기가 일쑤다.

잠자는 시간은 최고의 여행시간이다. 꿈속에서 '알타미라 동굴 벽화'도 생생히 보았고, 전 세계 화가들이 모인다는 '몽마르트르 언덕'에도 가 보았다. 언덕이 경사가 심해서 걸어서 오르지 못하고 엎드려서 손톱을 갈고리 삼아 땅을 찍으며 기어 올랐었다.

꿈에서 깨고 나면 온몸이 쑤시고 아팠지만 그 꿈속 여행은 늘 새롭다.

몇 년 전에 유럽 여행 중에 프랑스의 몽마르트르 언덕에 갔었다. 내가 꿈에서 본 것과는 전혀 다른 모습이었다. 사크레쾨르 대성당의 위용과, 테르트르 광장에서 화가들의 그림 그리는 모습, 아기자기한 골목들이 아름다운 예술 도시였다. 꿈에 본 그 도시는 어떻게 내게 온 것인지 알 수가 없다.

점집에 자주 드나드는 친구는, 천연색의 꿈을 꾸는 사람은 '신'기가 있으니 무당이 될 조짐이 보인다며 돗자리를 깔아보라고 나를 놀리기도 했다.

그렇다고 항상 아름다운 자각몽을 꾸기만 한 건 아니다. 악몽에 시달릴 때도 많다. 꿈속에서 모처럼 고향을 찾아갔을 때였다. 골목길은 불빛 하나 없고, 어둠에 덮인 납작한 초가집들이 가도 가도 끝이 안 보인다. 갑자기 무서운 생각이 들어 발길을 돌려 되돌아서 뛰었다. 발이 땅에 붙은 듯 앞으로 나아가기가 힘들었다. 겨우 빠져나와 보니, 강가에 배 한 척이 있고, 그 안에서 여고 동창생들이 나를 소리쳐 부르고 있었다. 꿈에서 깬 후 생각해보니 내가 갔던 곳은 공동묘지였나 보다.

수많은 꿈 이야기 중에서도 오래도록 잊히지 않는 것도 있다. 푸른 나무 한 그루도 없는 도시에 도착했던 꿈이다. 그룹마다 각기 다른 색의 제복을 입은 사람들이 이름표를 가슴에 달고 줄지어 서 있었는데, 나는 이름표를 받지 못해서 무리 중에 들지 못했다. 기다리란다. 모든 통신선이 끊겨서 집에 있는 가족들에게 전화 연결도 안 된다니 난감했다. 건물 계단에 앉아서 두렵고 막막한 슬픔에 소리 내어 울었다.

남편이 흔들어 깨워서 돌려 눕혀줬지만, 그 지독한 슬픔은 쉽게 가시지 않아 꿈에서 깨고 나서도 울었다. 아마도 나는 저승까지 갔다가 되돌아 왔나 보다.

어떤 꿈에서는 송아지만 한 흑돼지가 우리 집 마당으로 들어오는 꿈을 꾼 적도 있다. 횡재할 길몽이며 예지몽이라는 생각에, 아무에게도 꿈을 팔지 않고 복권을 한 장 샀다. 틀림없이 일등일 줄 알았는데, 역시나 꽝이다.

꿈길밖에 길이 없어 꿈길로 가니,
그 임은 나를 찾아 길 떠나셨네.

황진이의 상사몽 같은 꿈을 꿀 때도 있다. 그럴 때는 꽃구름 위에 올라앉은 듯 나른하고 행복하기도 했고, 감성이 촉촉해져서 정지용 시의 「향수」에서처럼, "아무렇지도 않고 예쁠 것도 없는" 곁에 있는 남편이 새삼 그립기도 했다.

그렇다고 꿈이 다 좋지만은 않았다. 흉몽에 시달려 비명을 지르다 깨어나면, 얼른 성호를 긋고 주기도문을 외우기도 한다. 아마도 내 머릿속에는 성능 좋은 꿈 제조기가 들어 있음이 분명하다.

꿈은 어디서 올까. '프로이트'는 인간의 마음속에는 스스로도 인식하지 못하는 '무의식'의 영역이 존재한다고 했다. 본능과 무의식이 갈구하고 표현하고자 했던 것이 잠재몽으로 나타나기도 해서 '꿈은 소원 성취'라고 할 수도 있겠다. 그러나 내 꿈을 프로이트의 정신분석학적으로 해석하거나 해몽할 생각은 없다. 다만 꿈속에서 새로운 세상을 보는 다양한 경험놀이를 하고 있는 중이며, 그 이야기를 차곡차곡 쌓아보는 재미를 느끼고 있을 뿐이다.

대부분의 꿈은 피곤했던 우리의 뇌를 청소하면서 나오는 부산물이라고 한다. 그렇지 않아도 잠들기 전에는 책을 몇 페이지라도 읽고 자는 버릇이 있는데, 그건 이런저런 낮동안에 쌓인 '생각 상자'의 뚜껑을 닫는 시간이다. 그래도 늘 꿈을 꾸는 것은 뇌 청소 부산물들이 많이 남아서일까.

악몽이든 자각몽이든 꿈을 즐긴다. 다채로운 꿈 이야기가 안개처럼 사라지기 전에 그림으로 남기고도 싶다. 내가 그림 그리기를 중도 포기하지 않았다면, '마르크 샤갈' 풍의 그림을 그렸을 것이다. 유아적 발상의 스토리를 현란한 색채로 표현한 샤갈도 나처럼 '꿈쟁이'였을까.

지금도 꿈 이야기나, 어렸을 적 추억, 첫사랑의 솜사탕 같은 감정들을 100호 캔버스를 세워놓고 맘껏 그려보고 싶다.

꿈 여행의 입구는 잠이다. 생의 삼분의 일을 잠을 잤으면서도, 나는 늘 졸리다. 잠꾸러기여도 좋다. 나른하게 스며드는 잠을 즐기며 다채로운 꿈 여행을 기다린다.

오늘밤 꿈에서도 바람을 가르며 허공을 날아보고 싶다.

두 번 피는 꽃

홍조팝 꽃이 또 피었어.

지난 유월에도 분홍 꽃송이들을 무더기로 피워 올렸었지. 큰 소나무 아래 둥그렇게 울타리처럼 심어 놓았었는데, 첫 꽃이 핑크빛 솜사탕을 뭉텅 떼어서 올려놓은 것 같았어. 그 위로 벌도 아닌 것들이, 풍뎅이도 아닌 것들이 진종일 붕붕거리며 난장을 벌이더라. 오호라. 꽃무지였구나.

며칠이 지나자 홍조팝은 꽃잎 하나 떨구지 않은 채 조용히 갈색으로 변했지. 꽃이 질 때 모가지를 뚝 떨어뜨리는 동백꽃하고는 영판 다르네. 자존심이 대단한 꽃이야.

홍조팝 무더기를 허리춤부터 나란히 잘라내고 새순을 받았었어. 조경사가 그렇게 해보라고 했거든. 한여름 태양빛과 가끔씩 내리는 소나기를 흠뻑 맞으며 쑥쑥 자라더니 웬일이니,

팔월인 지금 또 꽃송이를 달았구나.

좁쌀 같은 꽃송이에 수술이 꽃 밖으로 삐죽이 나온 걸 보니 마치 보송한 털이 덮인 것 같아. 영산홍, 개나리, 나리와 백합은 한번 폈다 지면 내년까지 기다려야 하는데 홍조팝은 이 여름에 한 번 더 꽃을 주니 신기해.

정원을 꾸미기 시작한 지 벌써 십년이 넘었어. 죽기 전에 정원을 갖는 건 내 마지막 로망이었거든. 기쁨으로 들뜬 채 스케치북에 나무를 배치할 조감도를 그리고, 바위를 놓을 자리도 미리 잡아두었지. 나무든 바위든 한번 자리를 잡으면 그만이기 때문에 잘 정해야 해.

소나무와 단풍나무의 크기를 예측하고 주목과 산사나무의 위치도 정한 후, 꽃을 볼 수 있는 병꽃, 칠자화, 미산딸, 명자나무를 중간 중간 심었어. 잔디를 제외한 나무 아래는 키 작은 비비추나 옥잠화로 덮었지. 서쪽 비탈에는 영산홍으로 가득 채우고, 뒤쪽 비탈에는 두릅나무와 죽단화도 심었어. 이제는 집 둘레가 가득 차서 조용히 들어앉아 창밖으로 보이는 꽃과 나무들 보고 있기 좋아.

가만있자, 내 생에 화사한 꽃을 피웠던 적이 언제였었나. 온 세상이 다 내 것 같았고, 무엇이든 다 이룰 수 있을 것 같던 청년기였지 아마.

그러나 뜻대로 무지개는 잡히지 않고, 늑대 같은 남자 만나 -내 표현이 심했나- 밥하고, 빨래하고, 애 기저귀 갈고, 제사 음식 만들다 세월 다 갔어. 공주 같던 백목련처럼 핀 적도 있었던 걸 기억하지? 그런데 백목련꽃 지듯, 한순간에 흙 묻은 화장지 날리듯 바닥에 떨어지고 말았잖니.

자식들은 제 짝 찾아 다 떠나고, 뭔 날이 되어야만 숙제하듯 얼굴 내미니, 반갑다고 내색하기도 자존심 상해. 이제 내 머리에 서리 내리고, 옛날 옷은 허리가 안 맞아서 못 입는데, 남편이라고 별수 있나. 우람하던 근육은 다 어디로 가고 검버섯이 솔솔 올라와.

정원이 풍성하면 뭘 해. 집 안에는 시든 꽃 두 송이만 소파에 앉아있는 걸.

눈 시려서 책도 보기 싫고, 무릎 아파서 산에도 못 가고, 이 시원찮아 갈비도 못 뜯어. 그래도 크게 걱정은 하지 마. 개밥은 챙겨 줄 수 있고, 마당에 잡풀도 쉬엄쉬엄 뽑을 수는 있어.

어마나. 웬일이라니. 홍조팝이 회춘했나. 한여름에 두 번이나 꽃을 피울 수 있다니. 꽃무지들을 불러 모으는 교태 좀 봐라.

홍조팝 꽃술 위에 호랑 꽃무지들 난장을 벌이는 것처럼, 우리 정원으로 아들, 며느리, 딸, 사위, 손자. 손녀 다 불러서 난

장 한번 벌여 볼까.

머느리는 밥하라 하고, 아들은 잔디 깎으라 하고, 딸 훔쳐간 미운 사위는 대청소를 시키자. 눈에 넣어도 안 아픈 이쁜 딸은, 엄마하고 둘이서만 테라스에 앉아 홍삼차나 마시면 어떨까. 아직 내 인생 끝이 멀었으니 홍조팝처럼 두 번째 꽃 좀 피워 볼거나.

기능성 속옷 맞춰 입어서 허리 좀 줄이고, 남편한테는 핑크색 남방도 사서 입히자. 나이 핑계대지 말고, 주저할 것 없이, '새삶스럽게' 시작해 볼란다.

무뚝뚝한 남편 앞에 서서 아랫배 힘줘 들이밀고 다소곳이, "알 라 뷰~.", 하면 뭐라 할까. 또 그러겠지. "이 양반이 버섯을 잘못 먹었나."

홍조팝 꽃아! 너 따라 나도 핀다. '알 라 뷰~'.

루키

마당가에 차를 세웠다. 오늘도 '루키'는 마중을 나오지 않았다. 요즘 부쩍 의기소침해진 것 같다. 해가 지고 나면 마을로 모여드는 야생 고양이들 때문인 듯하다. 젊은 야생 고양이들을 대적하기에는 열네 살 루키는 힘이 부족할 나이가 되었다.

차 소리만 듣고도 현관의 자동 센서등을 켜고 마중을 나와서 기다렸다는 듯 '야옹' 하며 뒤집어 배를 내보이던 녀석이다. 비가 온 날은 화단가의 징검돌을 딛고 물 묻은 발을 번갈아 털어내며 발레를 하듯 마중 나오던 아이였다.

루키를 처음 만난 건 14년 전이다. 푸들 강아지를 안고 애견용품점에 갔을 때였다. 초등학교 저학년인 듯 보이는 사내아이는 예쁜 '샴' 고양이를 안고서 내게 말을 붙였다.

동물을 좋아하느냐, 아파트는 몇 평에 사느냐, 가족은 몇이냐, 시시콜콜 호구조사를 하더니 제 고양이를 맡아달라고 한다. 기르려고 샀는데 강력히 반대하는 아버지 때문에 도루 물리러 왔지만 안 받아준단다. 집으로 다시 데려갈 수도 없다며 울먹인다. 입양되었다가 파양 당하는 고양이도 딱하지만 고양이 주인의 처지도 딱하다. 그렇다 해도 푸들 외에 집에 또 다른 강아지들이 있으니 더이상은 기를 수 없어 냉정히 거절했다.

내가 애견용품을 고르며 매장 안을 이리저리 다니는 동안에도 사내아이는 계속 따라다니며 조른다.

"아줌마는 왠지 잘 길러 주실 것 같아요. 제 이름은 '석범이'이고, 이 아이는 '루키'예요. 태어난 지 두 달 되었어요."

아이는 거의 울음이 터지기 직전이었다. 난감했지만 고양이 신세나 사내아이의 처지를 보니 더이상 거절하기도 어려웠다.

"그래. 아줌마가 길러 볼게. 보고 싶으면 언제라도 보러 오고, 길러도 될 형편이 되면 언제라도 데려가도 좋아."

약속을 하고 루키를 받아 안았다. 그날 저녁에 석범이와 그 엄마는 루키의 집과 모래상자며 사료까지 챙겨들고 와서 고맙다며 인사를 하고 갔다. 그 후 석범이는 일주일이 멀다 하고 루키를 만나러 간식을 사들고 와서는 한참씩 놀다 가곤 했다.

루키는 귀공자 같았다. 네 발끝은 초콜릿 빛깔의 장화를 신은 듯하고, 턱밑과 배는 우윳빛의 털이 반지르르하다.

바닥에 턱을 대고 납작 엎드린 채 유난히 긴 꼬리를 좌로, 우로 흔들며 눈을 맞추는 모습이 사랑스럽기 그지없다. 고양이는 꼬리로 의사표현을 한다. 자는 듯이 눈 감고 엎드려 있어도 "루키야." 하고 부르면 꼬리를 살짝 들고 흔든다. 날이 갈수록 루키에게 정이 들었다.

루키가 사랑을 독차지하니 거실은 동물들의 싸움터가 되었다. 텃세하는 강아지들의 공격을 받는 고양이도 성깔이 만만치 않다. 이빨을 드러내고 으르렁대는 강아지와, 오른쪽 앞다리를 들어 발톱을 세우고 툭툭 펀치를 날리는 고양이의 싸움은 살벌하다.

녀석들이 끈질기게 싸우는 데는 이유가 있었다. 고양이는 기분이 좋으면 꼬리를 깃대처럼 치켜세운다. 강아지는 꼬리를 세우고 서서히 다가오는 고양이가 자기를 공격하려는 줄 알고 역시 꼬리를 세우고 이빨을 드러내며 덤빈다. 같이 꼬리를 치켜들고 있어도 마음은 정반대이다. 예로부터 개와 고양이는 앙숙이라는데 아마도 의사표현 방식이 달라서 서로 오해를 하나 보다.

그러고 보니 우리 부부도 개와 고양이 조합같이 소통이 안 되고 이해 못할 때가 많다. 술만 해도 그렇다. 남편은 기분이 좋은 날이면 술을 마시고, 나는 속상하고 기분이 나쁘면 마신다. 남편은 기분이 나쁜 날이면 밖으로 휙 나가고, 나는 기분이 나쁘면 문 닫고 방구석에 고치를 짓는 누에처럼 들어앉는다.

시간이 지나고 나니 녀석들은 서로의 정체성을 잊은 채 고양이는 개인 듯, 개는 고양이인 듯 밥도 나누어 먹으며 잘 지낸다. 세월 가니 우리 부부도 그렇다. 개와 고양이처럼 그냥 그렇게 산다.

동물병원에서 루키를 중성화시켜서 데리고 오던 날, 불현듯 소록도 환자들이 머물던 막사의 벽에 붙은 '단종대'라는 시구가 떠올랐다.

사춘기에 꿈꾸던 사랑의 꿈은 깨어지고
내 청춘을 통곡하며 누워있노라.
장래 손자를 보겠다던 어머니의 모습
내 수술대 위에서
가물거린다.

스물다섯 살 그 청년이 정관을 차단하는 차가운 메스가 국부에 닿을 때 불효를 통곡하는 모습이 눈에 선하여 내 마음도 아프게 했었다.

나는 루키에게 큰 빚을 졌다. 내가 얼마나 이기적이며 폭력적이었던가. 루키를 품에 안고 죄스러워서 하늘에 서원을 했다. 루키에게 주어진 생의 끝날까지 부모의 심정으로 책임지기로 다짐을 한 것이다. 아파트를 떠나 마당 넓은 숲속마을로 이사를 한 것도 동물들과의 약속도 한 몫을 한 것일 게다.

주택으로 이사 온 후 아파트 실내에서 살던 루키에게 실외에 집을 마련해 주었다. 아늑한 처마밑에 큼직한 항아리를 뉘어놓고 방석을 깔았다. 흙을 일구어 놓은 채마밭은 루키의 화장실이었고 아늑한 나무 숲속은 루키의 은신처였다.

맘껏 사랑을 받고 있다고 생각한 루키는 가끔 생쥐나 작은 새를 잡아다가 현관 앞에 가져다놓고 칭찬 받기를 기다린다. 그럴 때마다 선물 고맙다고 칭찬해주고 간식으로 보상해 준다.

야행성인 고양이들은 낮에는 숨어 잠자고 밤이면 활동을 했는데 야생 고양이가 많은 숲속마을에는 밤마다 영역다툼으로 싸움이 일어났다. 굶주린 야생 고양이들은 루키 밥그릇을 향해 도둑처럼 다가왔고 두려움에 떠는 루키는 그때마다 괴성을 지른다. 남편과 나는 잠옷 바람으로 뛰어나가 냄비를 두드리며 침입자를 쫓아 보지만 영리한 고양이들은 적당한 거리만큼 피해서는 눈을 반짝이며 쳐다보곤 한다. 녀석들은 밤이면 또 쳐들어 올 것이다.

발가락 속에 깊이 숨겨진 고양이 발톱은 날카로운 무기이다. 싸움도 치열하다. 야생 고양이들과의 싸움에서 번번이 다리를 찢긴 루키는 오랫동안 두려움에 움츠러들었다. 젊은 야생 고양이 떼들을, 늙은 루키 혼자서 당해 낼 수는 없는 노릇이다. 한 달이 멀다 하고 병원을 드나들어야 하는 루키는 겁도 많아지고 응석도 늘어만 갔다.

응석쟁이 루키가 잔디에서 노는 모습을 찍어서 석범이 엄마에게 보냈다. 뜻밖의 소식에 석범이 엄마는 반가워하며 루키가 행복해 보인다고 했다. 석범이 소식도 전해주었다.

청년이 된 석범이는 해군에 입대하였고 곧 휴가를 나오기로 되어 있으니 그때 같이 루키를 보러 오겠다고 했다. 그렇게도 인정 많던 어린 소년이 벌써 씩씩한 군인이 되었다니 그 소식도 반갑다. 하얀 해군 제복을 입은 청년과 루키가 정원에서 재회하는 장면은 생각만 해도 가슴이 뛰었다. 루키와 함께 석범이가 올 때를 손꼽아 기다렸다.

어쩐 일일까. 여름이 다 가도록 석범이는 오지 않았다. 행여 루키를 잊었을까. 거수경례를 하며 들어서서 루키를 안아주는 모습을 사진으로 남기고 싶었는데 허사가 되었다. 첫 주인으로부터 잊혀가는 루키를 바라보는 내내 마음이 짠했다.

통조림 깡통을 두드렸다. 어딘가에 숨어있던 루키가 유난히 긴 꼬리를 깃대처럼 치켜세우고 통통거리며 달려온다. 늘 내 맘을 따뜻하게 해 주던 내 사랑 루키! 이제 두 달만 지나면 루키와 가족이 된 지 열다섯 해가 된다. 루키가 오래오래 건강하고 행복했으면 좋겠다.

덧붙임

그해 12월초에 루키는 폐렴에 걸렸고, 28일간 동물병원에 입원하여 집중치료를 받았으나, 2021년 눈 내리는 1월 3일 오전 10시에 숨을 거두었음. 강보襁褓에 싸서 하루를 집 안에서 재우고, 다음날 루키가 자주 쉬던 정원의 바위 옆에 묵주를 넣어주고 묻었음.

만지다

숲속마을엔 새벽도 더디 온다. 밤이 길어져 늦잠자기 좋은 초겨울인데도 창이 희붐해지면 어김없이 고양이가 나를 깨운다. 현관문을 여니 녀석이 오도카니 지키고 앉아 있다.

집안에서 함께 살다 밖으로 살림 내준 지 수년이 지났어도 늘 사람이 있는 실내가 그리운가 보다. 아기호랑이 발걸음으로 야지랑스럽게 다가와서는 눈을 동그랗게 뜨고 부비며 매달린다. 말을 걸며 녀석의 머리와 턱밑을 쓰다듬어 주면 이내 발랑 뒤집어서 배를 내보인다.

사랑받고 싶어 하는 녀석에게 "엄마 손은 약손, 루키 배는 똥배." 하면서 만져주고 나면 일어서서 후루룩 털고 만족한 듯 제집으로 들어간다. 녀석의 하루 시작은 늘 같다. 작고 사랑스런 짐승의 따뜻한 체온과 부드러운 털옷을 만지는 기분은 내게도 행복한 일이다.

마당 한편의 개집에서도 풍산개 두 녀석이 머리를 내밀고 만져주길 기다리고 있다. 주인에게 더 가까이 다가서려 서로 밀치며 시샘하는 녀석들을 똑같이 만져주어야 한다. 칭찬해주고 머리를 쓰다듬어 주면 녀석들도 눈빛을 부드럽게 하고 턱을 치켜든 채 주인의 사랑을 끊임없이 확인하려고 한다.

식물도 다르지 않다. 한 화분 속에서 이십 년 넘게 거주하고 있는 관음죽과 군자란은 거실의 터줏대감이다. 특별히 분갈이도 하지 않았고 물만 주고 사람과 한 공간에서 떠들썩하든, 고요하든 서로 부딪치며 살기만 할 뿐인데도 건강하고 당당하다. 이웃사람들은 동식물을 잘 기르는 비결을 묻기도 하지만 되짚어 생각해 봐도 특별한 비결이랄 건 없다.

동물과 더불어 거의 모든 식물도 만져주기를 좋아하는 것 같다. 간혹 만지는 것을 싫어하는 새침데기 같은 미모사도 있고, 엄나무나 탱자나무, 유자나무처럼 아예 접근금지령을 내리는 나무도 있기는 하다. 만지면 독이 오르는 옻나무도 있는 걸 보면 함부로 만질 일도 아니다.

그러나 농작물도 주인의 발소리를 듣고 자란다고 하고, 식물도 만져주면 병충해에 강하고 엽록소가 많이 생긴다고 하니 사람과의 눈맞춤과 관심을 받기 원하는 것은 생명을 가진 것들의 소망일 것이다.

외출할 때마다 거실의 식물들에게 "나갔다가 얼른 돌아오마." 하면서 잎을 살짝 건드려주고 키 큰 식물은 가끔 흔들어주기도 한다. 가시가 많은 주먹 선인장은 보송한 윗부분을 손가락으로 살짝 눌러 주는 걸로 편애하지 않음을 보여준다. 목이 마르진 않을까, 물이 과해서 뿌리가 썩진 않을까 관찰하며 잎에 해충이 있나 살피기도 하고, 잎이 변하면 햇빛과 양분이 부족한 것인 줄 알아차린다. 허브식물을 가까이 두고 만지는 일은 마음이 평안해지고 애정도 생겨난다.

식물학자들은 식물에도 귀가 있을 거라 생각했다. '그린음악'을 연구하는 사람들은 어떤 식물이 어떤 음악을 좋아하는지를 실험한다. 식물의 마음을 헤아려 주는 것이 건강하고 질 좋은 먹거리를 생산하는 힘이 되기 때문이다.

호박은 고전음악을 좋아하여 넝쿨손을 음악이 흐르는 쪽으로 뻗고, 록음악은 싫어해서 멀찍이 도망친다고 하니 호박의 취향은 나와 비슷한 것 같다. 콩나물이나 무는 헤비메탈처럼 찢어질 듯한 불협화음을 들려주면 머리가 갈라지기도 하고 뿌리가 썩는다고 한다. 음파에 예민하게 반응하는 것이리라. 그러니 사람이 들려주는 말도 그 억양에 따라 좋고 싫음을 다 느끼고 있을 것이다.

인간만이 고등생명체가 아니다. 언어가 다르다 하여, 우리가 그들의 언어를 모른다 하여 그들을 낮춰 볼 수는 없는 일이다. 그들이 우리의 음성을 알아듣듯 우리도 그들의 마음을 읽어 주는 것이 공평하지 않을까.

지금은 앞마당의 꽃밭이 텅 비었지만 땅속으로 숨어든 그들의 계획을 나는 안다. 때가 오면 팝콘이 터지듯 꽃을 피울 거라고 귀띔해 주는 걸 느끼기 때문이다.

만지는 일에도 많은 경우가 있다. 요즘은 청소년들이 스마트폰 만지기 중독에 쉽게 빠지는 경우도 있고, 성인들도 이성간에 무례하게 만져 패가망신하는 경우도 있긴 하다. 그러나 흙 만지는 일과 노동의 가치는 함께 있고, 모래 만지는 놀이는 심리적 안정과 창의력을 일깨우기도 한다.

악수하는 일, 연인끼리 손잡고 행복을 느끼는 것도 만짐의 효과이리라. 허무하기 그지없는 '죽은 자식 고추 만지기'라는 말도 있고, 전체를 보지 못하고 부분만 보며 고집부리는 '장님 코끼리 만지기'라는 말도 있는 걸 보면 만지는 일에도 철학과 미학이 필요하겠다.

만짐은 사랑과 배려이다. 그리고 내 속에서도 함께 기쁨이 솟는 일이다.

"그대가 곁에 있어도 나는 그대가 그립다." 하는 시구가 푸

서리 같은 내 마음을 만져주면 금세 촉촉해지는 듯하다. 만짐은 꽁꽁 닫힌 마음을 열고 촉촉한 물기와 신선한 공기를 들이마시는 삶의 새로운 울림 같다.

압력솥의 칙칙거리는 소리가 아침밥이 다 되었음을 알린다. 앞치마에 손을 닦고 막 샤워를 끝내고 나오는 남편에게 다가갔다. 물기를 찍어내고 있는 등 뒤에서 슬그머니 남편의 허리 아래로 손을 내렸다. 화들짝 놀라며, "이 양반이 버섯을 잘못 먹었나." 하더니 꽁지에 불을 붙이고 웃방으로 뛰어 간다. 그래도 아침 밥상 앞에 앉은 남편의 얼굴에 홍시 빛이 배인 걸 보면 건조해져 가는 마음을 만져준 효과가 있었나 보다.

눈 속에 묻혀 나들이가 불편한 숲속마을의 겨울은 길다. 잎 떨군 나뭇가지들은 추운 칼바람 앞에 단단히 버티고 있고, 깊이 내린 뿌리들은 말랑한 땅속에서 가지들을 격려하고 있다.

나는 눈으로 뜰안의 겨울나무들도 만진다. 멀리 있어 소식이 뜸한 친구들도 만지고 아팠었던 옛 기억들도 만진다.

이번 겨울에는 동안거에 들듯 깊이 묻혀 글도 만지고, 마음속에 까칠하게 남아있던 거스러미도 만져 다듬어야겠다.

숲속마을 가족

고양이 루키가 우리 곁을 떠났다. 눈 쌓인 정월에 폐렴을 끝내 이기지 못했다. 가족의 일원으로 열네 해를 함께 살았는데, 정을 떼기란 여간 힘 드는 일이 아니었다.

녀석이 쓰던 빈 밥그릇만 보아도, 녀석이 병원에서 마지막까지 깔고 있었던 포대기만 보아도 맘이 아프다. '사람도 아닌 것이 제 까짓게 뭐라고.' 하면서도 가슴에 눈물 저수지라도 생긴 양 엉엉 울었다.

산속마을엔 쌓인 눈이 쉽게 녹지 않는다. 이른 새벽 마당에 나와 보면 루키가 다녀간 듯 고양이들의 발자국이 눈 위에 도장을 찍었다. 마음이 아릿하다. 모두 얼어붙은 이 겨울에 야생 고양이들은 무엇을 먹고 살까. 루키가 남기고 간 사료항아리를 인적이 뜸한 뒤뜰로 옮겼다. 그것만이라도 내 주자.

마을 주민들은 야생 고양이의 번식을 막아야 한다고 입을 모은다. 다람쥐와 개구리도 사라져 생태계도 무너지고, 쓰레기봉투도 다 찢어놓고, 널려있는 분변은 또 어쩔것인가. 더욱 참기 어려운 것은 녀석들이 지붕 밑에 들어가 새끼를 낳는 일이다. 젖먹이들이 밤이나 낮이나 야옹거리는 소리는 밤잠을 설치게도 하기 때문이다.

그러나 한편 이로운 면도 있다. 처음 숲속마을로 이사 왔을 때는 축대 사이에 굴을 파고 무리지어 들락거리던 쥐들이 많았다. 정원의 풀을 뽑으려면 스르르 달아나는 뱀 때문에 소스라치게 놀란 적도 여러 번 있었다. 이제는 들쥐들도, 뱀도 마을에서 사라진 것은 야생 고양이 덕분 아닌가.

아침저녁으로 채워놓은 뒤뜰의 고양이 밥그릇이 쥐도 새도 모르게 비워졌다. 북어 삶은 국물만 혀끝에 겨우 대던 루키, 병원에서 콧줄로 음식을 먹던 루키에 비하면 먹새 좋은 고양이들이 밥그릇을 깨끗이 비워 주는 게 고맙다.

어느 날부터인가 녀석들이 멀찍이서 모습을 나타내며 서서히 다가왔다. 반려동물의 상실에 의한 상처는 다시 반려동물을 사랑하면서 치유 받아야 한다고 동물병원 의사가 말했었다. 나는 그 말을 부정하고 더이상 동물에게 정 주지도 않고, 동물을 기르지도 않겠다고 다짐했었다. 그런데 나도 모르는 사이에 고양이들에게 마음을 주고 있었다.

나는 녀석들에게 이름을 붙여주었다. 모습과 색상에 따라 나비, 방울이, 도토리, 얼룩이라고 부르다 보니 자연스레 캣맘이 되어 이제는 사료를 자루로 사들이기 시작했다.

캣맘이 된 서너 달 동안에 겨울도 가고 움이 트는 봄이 되었다. 고양이들은 건강하고 내가 쓰다듬어 줄 수 있을 정도로 가까워졌다. 야생 고양이의 개체수를 늘어나게 둘 수는 없지만 이미 태어난 생명인데 배를 곯게 할 수는 없지 않은가.

우리가 어렸을 때는 학교에서 나누어 주는 강냉이죽과 우유 한 컵으로 허기를 달래기도 했었다. 간식은커녕 주식조차 변변치 못했던 시절이었다. 어머니들은 허리띠를 졸라매는 것으로 보릿고개를 넘기기도 했으니 그 막막함과 서러움이야 말해 무엇하랴. 설움 중에 설움은 배고픔이라 했다.

시청에서 야생 고양이 중성화 계획이 발표되었다. 고양이 네 마리의 캣맘이라고 신청했다. 무분별한 번식을 막기 위해 포획한 후 동물병원에서 중성화 시켜 다시 제자리에 풀어준다니 안심이다. 녀석들이 밥 먹는 뒤뜰에 포획 틀이 네 군데 설치되었다. 안에 통조림 미끼까지 넣어 두니 배고픈 고양이 두 마리가 의심 없이 들어가 갇혔다. 나비와 얼룩이다.

시청 담당자가 와서 확인해 보더니 이 녀석들은 이미 임신

한 상태라며 열흘 정도면 새끼를 낳을 거란다. 한 발 늦었다. 아무쪼록 순산하기를 바라며 풀어주고 다음 기회를 기다리기로 했다.

숲속마을에는 가족이 많다. 십여 가구의 주민들은 물론이고 고즈넉한 저녁이면 솟쩍!, 솟솟쩍! 하는 소쩍새가 옛 고향을 떠올리게도 하고, 어두운 밤에는 바리톤 음색으로 으~엉거리는 부엉이도 있다. 모두 잠든 깊은 밤의 불침번들이다.

이른 아침의 부지런한 딱따구리 소리는 또 얼마나 청아한가. 비 온 뒤에 마당가에 어슬렁거리는 두꺼비는…. 모두가 이 마을의 가족이다.

그것뿐인가. 울타리도 없이 아래위로 옹기종기 모여 있는 마을에 씨앗을 맘대로 날려 집집마다 퍼진 엉겅퀴며 두메양귀비, 하얀 데이지꽃은 마을을 한 덩이로 묶어주는 또 다른 가족이다. 생명을 가진 모든 것들은 함께 연결되어 있으며 더불어 살아야 한다. 어느 누구도 홀로 섬이 되어 살 수는 없다.

지난달에는 아랫집에 지민이, 수민이네가 이사 왔다. 외국에서 살다온 그들은 이사 오자마자 청소기를 빌려 달라, 전동 드라이버를 빌려 달라 스스럼없이 우리 집에 드나들었는데, 낯가리지 않고 손 내미는 모습이 너무 반갑고 고맙기까지 하다.

어른들만 살던 동네에 아이들의 말소리와 웃음소리가 들리는 것도 좋고, 제일 윗집의 여덟 살 캣맘 호진이도 또래 친구가 생겼다며 제 고양이를 자랑하기도 한다.

사막에 몸을 묻은 어린왕자처럼, 정원 한 옆에 묻힌 루키의 영혼도 제 별을 찾아 갔겠지. 다시는 동물에게 정들이지 않겠다는 내 다짐을 이제 취소한다. 그들은 내가 준 사랑보다 더 많은 행복을 내게 가져다주었기 때문이다. 숲속마을에는 가족이 많아서 좋다.

제2부

겨울에는 쉬었다 가자

시련은 내게도 늘 있었듯이

마음 착한 고욤나무를

새엄마 삼아 사는 네게도 있을 것이다.

우리 모두 추운 겨울에는 잠시 쉬었다 가자.

— 〈겨울에는 쉬었다 가자〉 중에서

헬스장 풍경

점심때가 가까워 온다. 남편은 빨리 저축하러 가자고 서두른다. 이대로 있다가는 젊었을 때 벌어놓은 재산 다 날리겠다고 성화다.

운동은 건강을 위한 저축이고 근육은 재산이라는 그와, 하루를 스물다섯 시간으로 늘리고 싶은 나는 늘 삐걱거린다. '운동하러 가자.' '시간이 없다.'의 줄다리기를 거듭하다 보니 어느새 남편 가슴의 대흉근은 다 사라졌고, S라인이던 내 허리는 D라인이 되어 버렸다.

헬스장 문을 밀고 들어서니 조용하다. 마늘각시 같은 '다한증아줌마'와 '불룩배' 아저씨 부부가 자전거 페달을 밟으며 까딱 인사를 한다. 오전에는 유도선수들의 기합소리와 들놓는 역기 소리로 실내는 힘이 넘친다. 록음악까지 크게 틀어놓고 운동하던 선수들은 점심때가 되면 썰물처럼 빠져나가서 이 시간에는 비교적 한가하므로 몇몇 사람들은 점심시간을 이용하여 운동을 한다. 한 달 남짓 이렇게 헬스장을 드나들다보니 운동하는 것보다 낯익은 회원들의 모습을 풍경 스케치하듯 둘러보는 재미가 좋다.

실내화로 갈아 신고 전신을 흔들어 주는 운동기구에 올라섰다. 삼각대처럼 다리의 보폭을 넓히고 운동기구 스위치를 켜니 엉덩이와 비주룩하니 튀어나온 옆구리 살이 좌우로 사시나무 떨리듯 흔들린다. 점점 강도를 높여본다. 가만히 서있기만 해도 팔뚝이며 가슴이며 처진 얼굴까지 사정없이 흔들어댄다. 어깨 한번 안 두드려주는 남편에 비하면 화수분이다.

자전거 운동을 마친 다한증아줌마가 연신 땀을 훔치며 다가와 곰살갑게 자기 소개를 한다. 서울에서 살다 남편 고향인 청주로 이사 왔으며 땀이 많아 남들과는 식사 자리도 못하는 처지라고 하소연을 한다. 서울깍쟁이는 아닌 것 같다.

전기에 옮은 듯한 온몸 흔들기를 마치고 자전거 위에 앉아서 운동하는 사람들을 이리저리 둘러보며 천천히 페달을 밟는다.

큰 거울 앞에서 '배바지 아저씨'가 준비운동을 하고 있다. 검정 바탕에 흰 물방울무늬가 새겨진 헐렁한 헬스바지를 가슴까지 끌어올렸다. 영락없이 어눌한 코미디언 같다. 판토마임을 하듯 거울을 마주보고 대왕거미같이 팔 · 다리를 흔드는 모습에 웃음을 참지 못해 고개를 숙이고 혼자 웃었다.

"담배 피우시는 분은 일루 와봐유. 여기 재떨이가 있슈." 하는 소리에 돌아보니 '재떨이 아저씨'가 거꾸리 운동기구 위에 수평으로 누워 코를 골고 있다. 천장을 향해 벌어진 그의 입모양은 내가 봐도 재 떨기에 안성맞춤이다. 새벽부터 산행을 하고 마무리 운동으로 헬스장을 찾는다는 그는 그렇게 잠깐의 휴식을 '거꾸리' 위에 누워서 취한다. 그래도 야스락거리는 재떨이 아저씨가 등장해야 헬스장 분위기가 화기애애해진다. 다한증 아줌마한테 "모델 해도 멋지것어유." 하며 능갈치는 남자의 수다도 여기서는 활력소가 되는 것 같다.

'두부아저씨'가 들어온다. 큰 체구에 얼굴빛은 희멀겋다. 반바지 아래로 드러난 그의 다리가 얼룩덜룩하다. 왼쪽 정강이를 둘러 종아리까지 인면조人面鳥인 듯 너울거리는 검은 새가 그려져 있고, 왼팔 위에는 귀면와鬼面瓦에서 봄직한 부릅뜬 눈과 들창코의 귀신 얼굴 문신을 했다. 보기에 험상궂다. 또 오른팔 삼두박근 위에는 검은 구렁이가 똬리를 틀고 있다. 운동기구에 매달렸을 때 슬쩍 보니 등에도 문신을 했고, 늘어진 허연 배는 덜 짠 두부처럼 출렁거린다. 문신으로 몸을 감싼 두

부아저씨는 아마도 오사리잡놈들로부터 보호를 받아야 할 손귀한 집 아들이었나 보다. 반달눈을 온화하게 뜨고 조용조용히 말하는 본새로 보아 틀림없이 귀둥이였을 것이다.

남편이 땀을 흘리며 '숄더 프레스'를 들어올리고 있다. 그 앞쪽에 있는 러닝머신 위에서 늘씬한 '여자 마라톤 선수'가 뛰는데 몸의 탄력이 용수철 같고 전력을 다해 달릴 때는 오토바이 소리가 난다. 두어 뼘밖에 안 되는 운동바지를 입은 그 여자마라톤 선수가 레그컬에 엎드려 긴 다리를 당겼다 내렸다 할 때는 마치 방아개비가 방아를 찧는 듯하다.

운동이 어지간히 끝나갈 무렵에 '골파씨 선생님'이 들어온다. 남편의 학교 선배이신 골파씨 선생님은 작은 키에 주름살과 더불어 누르께한 얼굴이다. 두상도 작고 머리카락마저 드물어 영락없이 엊그제 밭에 심은 골파씨 모양새다. 그 선생님은 퇴임할 때 쓴 것이라며 얄팍한 책 한 권을 선물로 주셨는데, 반은 수필이고 나머지 반은 첫사랑부터 마지막사랑을 시로 남겼다. 「스쳐간 그녀」, 「임아」, 「순아」, 「영아」, 「잊어야 할 너」, 「숙 선생님」 등 구구절절 하다. "만져도 보고, 때려도 보고, 품어도 보고, 뒹굴려도 보고 싶은 임아!"를 읽어가는 동안 괜스레 내 가슴이 오글거리고 쑥스럽기가 그지없다. 아, 나는 참 궁금하다. 그 선생님의 사랑 시를 받았던 수많은 영이, 순이, 숙이, 그녀들도 이젠 할머니들이 되었을 텐데, 지금의 골파씨 할아버지를 만난다면 무슨 이야기를 나눌까. 러닝머신 위에서 엉덩이를 뒤로 빼고 천천히 걷는 선생님의 뒷모습이 느긋하다. 육신의 쇠락과 함께 사랑의 열병도 사그라져버린 지금, 빛바랜 시집으로 추억하며 아직도 소년 같은 미소를 간직한 선생님 모습이 곱다. 혹여 삶의 뼈대가 사랑이었던 골파씨 선생님은 지금도 섬광처럼 번뜩이는 사랑을 꿈꾸고 있진 않을까.

다한증 아줌마가 흠뻑 젖은 채 운동을 마치고 나간다. 얼굴에 화색을 잔뜩 머금은 두부 아저씨도, 수다쟁이 재떨이 아저씨도 운동이 끝났다. 호리호리한 아줌마만 지루한 듯 배바지 아저씨께 빨리 가자고 조른다.

나는 자전거 페달을 천천히 밟으며 남편의 운동이 끝나기를 기다린다.

누가 알랴. 남편의 대흉근 회복과 함께 덤으로 나도 S라인을 되찾게 될지.

헬스장의 사람 풍경 속에 있는 소시민들의 삶이 정겹고도 활기차게 느껴진다.

겨울에는 쉬었다 가자

뜰에는 새소리도 멎었다. 이른 봄부터 초겨울까지 꽃들은 앞다투며 피고 지더니 밀려오는 찬바람을 피해 다 사라졌다. 윙윙거리던 꿀벌이랑 장독대 옆의 나리꽃 위에서 펄럭이던 호랑나비는 어디로 갔나. 뜰이 마냥 고요하다. 잎 떨군 앙상한 나뭇가지들은 쨍하도록 시린 늦가을 하늘에 낙서한 듯 선을 그어놓고, 떡갈잎 수국만은 검붉게 물들인 잎을 고스란히 매단 채 조용하다.

느지막하게 일어나 창문을 여니 찬 공기로 덮인 잔디 마당에 아침 햇살이 곱다. 앞산의 도토리나무 숲에서 딱따구리 나무 쪼는 소리가 청량하게 들린다.

겨울이 오고 있다. 늦었지만 더 얼어붙기 전에 감나무를 짚으로 감싸주기로 했다. 짚 한 다발을 준비하고 어린 감나무 앞에 앉았다. 감나무는 은은한 연노랑의 꽃과 가을단풍이 아름다워 정원수로도 손색이 없을 듯하여 봄마다 나무시장에서 사다 심었지만 번번이 실패했었다. 감나무가 자라기엔 산 아래 동네인 이곳이 추운 지역이어서일까.

감나무는 고욤나무를 대리모로 삼아 접목을 해야 하는데, 대수술을 마친 접목수를 옮겨다 심으니 활착이 어려웠나 보다. 몇 년째 시도한 끝에 용케도 올봄에 사다 심은 둥시 한 그루와 대봉시 두 그루는 잘 견뎌주었다. 접붙인 감나무가 시집보낸 딸을 본 듯 마음이 아릿하다. 시어머니를 엄마 삼아 정붙이고 살겠다는 딸이 제 입으로 고생은 안한다 해도 때로 마음 시린 구석이 왜 없겠나.

고향 마을에는 집집마다 감나무들이 있었다. 단발머리에 검정 고무신을 신었던 그 시절에는 장독 위에 떨어진 감꽃을 주어 실에 꿰어 목걸이를 만들기도 하고, 감물이 든다고 말리는 어머니의 꾸지람도 아랑곳없이 떨어진 풋감조차 아까워 주머니 속에 넣고 다녔었다. 한겨울에 얼음덩이가 된 감을 양재기에 담아 아랫목에서 녹여 홍시로 먹던 일과, 호랑이보다 더 무서운 '곶감'이란 놈이 있었다는 옛이야기는 듣고 또 들어도 재미있던 어린 시절이었다.

감나무가 성장하듯 몸과 마음도 성장해 갔지만, 어른으로 산다는 건 그리 녹록지 않았다. 감꽃을 세던 손으로 동전을 세었다. 월급은 통장을 스쳐 나가고, 채 맞은 팽이처럼 하루하루가 긴장되고 분주했었다. 한 몸에 두 지게는 못 진다며 직장을 내려놓으라는 친정어머니의 염려도 귓전으로 흘려버리며 경쟁사회에서 버티기란 여간 힘든 것이 아니었다.

유치원에 다니는 딸아이 목에 아파트 열쇠를 걸어주고, 유치원 학습이 끝난 후에는 피아노학원으로, 또다시 미술학원으로 내돌리는 이유는 엄마 아빠가 퇴근할 때까지 홀로 둘 수 없었기 때문이었다. 저녁에 만난 우리는 모두 파김치가 되었다. 한 계단 밀리면 두 계단을 올라야 하는 오기를 부리며 유리 천장을 뚫으려 했던 시기는 치열한 시련기이기도 했었다.

이제는 안다. 파도가 몰려오면 마주서지 말고 파도 위에 맡기듯, 힘이 들면 잠시 엎드려서 쉴 수 있는 삶의 겨울도 있다는 것을. 겨울에는 나무들이 묵은 살붙이를 덜어내고 쉬듯이 지친 삶도 잠시 내려놓고 쉴 수 있는 삶의 겨울은 오히려 축복이다.

감나무를 꼼꼼히 짚으로 감쌌다. 뒤늦은 나이에 감나무를 심어 언제 영화를 보겠냐고 조바심 내는 이웃에게 '내일 지구의 종말이 와도 나는 오늘 한 그루의 감나무를 심겠다.'고 철학자처럼 우겼었다.

십 년쯤 후의 잘 자란 감나무를 그려본다. 그때쯤이면 감꽃 세던 어린 시절과 텅 빈 누런 월급봉투만 모아두던 가난했던 시절도 그리워지려나. 쪽빛 가을하늘 아래 주홍빛 감들이 가지가 찢어지도록 달렸으면 좋겠다. 그날이 오면 감나무 아래 앉아 가쁜 숨 내려놓고 가을빛을 즐기며 추억도 세어보고 홍시라도 세어볼까. 까치가 날아오기를 기다리며 밥으로 몇 개는 남겨 두어야겠지.

어린 감나무가 이미 마음속에서는 다 자라서 마당을 가득 채우고 반짝이는 감잎을 수북이 달고 있는 듯하다.

땅도 얼고 물도 어는 동토에서 뿌리 속 생명들이 혹독한 추위를 이겨내기 위해 잠시 쉬어가듯 지친 내 삶에도 쉼이 필요하다. 볏짚외투를 단단히 입은 어린 감나무가 추운 겨울을 잘 견디어서 새 봄에 건강한 잎을 틔우기를 기다려 본다. 둥시야! 대봉시야! 시련은 내게도 늘 있었듯이 마음 착한 고욤나무를 새엄마 삼아 사는 네게도 있을 것이다.

우리 모두 추운 겨울에는 잠시 쉬었다 가자.

낮잠 자기 좋은 날

태풍이 올라온다고 한다. 한 달이 넘게 이어지는 불볕더위에 대지는 달군 가마솥같이 되었다. 이렇게 긴 가뭄이 그동안 있었던가. 농부의 가슴도 까맣게 탄다.

마을 앞의 웅덩이에 핀 노랑 어리연도 겨우 목숨을 부지하고 있다. 지하수에 의지해서 사는 마을 주민들도 서로서로 물 아끼기에 동참하고 있다. 말라가는 잔디를 보면서도 물을 뿌려줄 엄두조차 못 내고, 텃밭 식물에만 해 질 녘에 한 모금씩 물을 먹인다. 늘 맑은 물이 흐르던 앞산 골짜기도 말랐으니 그곳에서 살던 가재들은 어떻게 되었을까.

반가운 비 소식에 외출하려던 계획을 접고 집에서 비를 맞이하기로 했다. 빗소리도 듣고 오랜만에 흥건한 물 구경도 하고 싶다.

여름 태풍은 무섭다. 나무가 뿌리째 뽑혀나가고 해안 마을이 물벼락을 맞는 장면은 생각만 해도 끔찍하다. 그럼에도 긴 불볕 가뭄에 온 산하가 목마른 때라 '물의 신'이라는 이름으로 오는 이번 태풍은 오히려 기다려지기까지 한다.

어릴 때는 비 오는 날이 좋아서 맨발로 철벙거렸고, 양철지붕 위로 떨어지는 요란한 빗소리는 오히려 잡념을 없애주었다.

서둘러서 비설거지를 한다. 장독마다 제 뚜껑을 찾아 덮고 바지랑대에 의지하던 홑이불도 걷었다. 채반에 널어 말리던 여주까지 들여놓고 나니 후드득 비를 뿌리기 시작한다.

기상정보에선 물폭탄이 떨어질 거라 했지만, 이곳 분지 마을엔 천둥 번개도 없이 빗줄기만 굵어졌다 가늘어지기를 반복한다. 목말랐던 여린 상추 잎은 힘에 겨운 듯 늘어져 있고, 소나무의 바늘잎들은 잔뜩 오므리고 있다. 빗속에서도 백합은 은은한 향기를 뿜고 장독대 옆의 노루오줌 꽃은 고개를 숙인 채 비를 철철 맞는다. 비 오는 날의 풍경을 맘껏 즐겨도 좋은 날이다.

비옷을 입고 마당으로 나갔다. 땅이 말라 옮겨 심지 못했던 백일홍 꽃모도 제자리를 찾아 심고, 텃밭이랑의 물꼬도 터놓았다. 물받이 아래 고무통도 군데군데 놓아 아까운 빗물을 받을 준비까지 마쳤다.

부옇게 흐려진 유리창 밖의 풍경을 보며 고르게 두들기는 빗소리를 듣는다. 긴 가뭄을 잘 견뎌준 숲과 땅을 달래기라도 하는 듯 얌전히 내려 스며드는 빗줄기가 고맙다. 빗줄기를 세어볼까. 낙수 방울을 세어볼까.

바람기도 없이 수직의 고른 간격으로 내리는 빗줄기에 아랫집도, 윗집도 흠씬 잠기고, 앞산의 짙은 녹색 나뭇잎들만 여유롭게 출렁인다. 안에서 인기척만 나면 같이 놀자고 문 앞에서 야옹대던 집고양이도 제 집안에서 잠들고, 개집 안의 견공들도 마룻바닥에 턱을 붙이고 잠든 체 하고 있다.

빗소리를 들으며 동굴같이 아늑한 방안에서 천장을 보고 누워서 읽다 덮어둔 파울로 코엘료의 「연금술사」를 펼쳐들었다.

코엘료는 긍정의 삶을 살라고 한다. 세상을 불행한 피해자의 눈으로 보지 말고, 보물을 찾아 나선 모험가의 눈으로 보라고 한다. 가장 깊은 어둠은 해뜨기 직전이며, 지금이 가장 힘든 시간이라면 곧 밝은 날이 가까이 왔음을 알려주는 신호라고 한다. 맞다. 지금이 가장 힘든 시기이니, 곧 얽힌 매듭이 풀릴 때가 오겠지. 책 속의 지혜가 문을 열어준다. 방바닥에 붙인 등줄기도 편안해진다.

오전에 조려 놓았던 유자잼의 향기가 아직도 집안에 가득하다. 물안개를 피우며 소나기는 점점 세게 시작하여 드럼을 치듯 세차게 정점을 찍었다가, 다시 점점 약하게 잦아들기를 반복한다. 생명수인 빗줄기들은 대지의 혈관에 속속들이 스며들어 마침내는 숨어있던 잎사귀와 꽃들을 밀어낼 작정을 하고 있는 듯하다. 돌 틈에 몸을 숨기고 목마름을 견뎌내던 앞산 골짜기의 가재들도 이젠 웅크린 등을 펴고 맘껏 물맞이를 하겠지.

어디선가 호박전 냄새가 솔솔 들어온다. 책을 든 손아귀에 힘이 빠지며 가물가물 졸음도 함께 온다. 태풍이라지만 곱게 비를 주시는 '물의 신'은 어느새 앞마당에 흥건한 잠의 바다를 이끌고 왔다.

낮잠 자기 참 좋은 날이다.

명자나무

여름이 떠나고 있습니다. 장독대 옆에서 큰 키를 자랑하던 노루오줌 꽃도 다 졌네요. 잎조차 말라서 뽑아내기로 했습니다. 시든 꽃무더기를 들어내자 주변이 훤해지고 숨어있던 명자나무의 몸체가 드러났습니다. 심은 지 서너 해가 되다 보니 밑둥이 제법 굵어졌고 주먹만 한 열매를 소복하게 달았네요.

많은 봄꽃들 중에도 단아하고 청순하게 피는 명자나무의 꽃은 마치 고명딸처럼 예쁘고 귀한 자태를 지녔지요. 그러나 나는 장독대 옆의 이 명자나무를 좋아하지는 않았습니다. 노루오줌 꽃 덤불 속에 묻혀 있어도 관심도 안 주었지요.

이 나무는 분재 전문가인 남편의 친구가 꽃 색이 다른 가지를 접목해서 선물로 보내준 것입니다. 다홍이려면 모두 다홍꽃으로, 연한분홍이려면 모두 분홍색 꽃이어야지 한 나무에 색상 차이가 너무 큰 두 가지 색으로 피는 것이 영 어색했지요.

그러고 보니 이 명자나무는 우리 부부를 닮은 듯합니다. 두 가지 꽃 색이 해를 거듭해도 절대로 섞여지지 않는 것이 그렇습니다. 우리는 늘 '도'와 '레'의 만남 같은 불협화음을 내며 살고 있습니다.

텃밭 가꾸기만 해도 그렇지요. 나는 채소는 채소끼리 심어야 한다고 주장하고, 남편은 꽃밭 사이에 군데군데 채소를 심어 꽃나무와 함께 어울리게 하는 것이 좋다고 합니다. 그 때문에 나는 쑥갓을 따려면 작약 밭 앞으로 가고, 상추를 따려면 라일락 밭으로 갑니다. 방울토마토를 따려면 고추밭 골로 들어가야 하지요. 불편합니다.

남편도 나름의 신념은 있습니다. 고추밭에 토마토를 심으면 고추 포기에 병이 안 생기고, 작약밭에 쑥갓을 심으면 작약꽃이 지고 난 후 노란 쑥갓 꽃을 볼 수 있다고 하네요. 우리 집 정원은 채소밭인지 꽃밭인지 분간이 안 됩니다.

우리는 매사에 티격태격입니다. 나는 마당의 수돗가에 아치를 세우고 장미 넝쿨을 올리고 싶어 하고, 남편은 인공 구조물을 정원에 들이는 것을 절대 반대합니다. 그뿐인가요. 나는 잔디 위에 아이보리색 파라솔을 펼쳐 놓길 좋아하고, 남편은 벌똥이 앉는다고 연신 걷어다 모셔놓습니다. 그러다 보니 나는 본의 아니게 잔소리꾼이 되었고, 남편은 사춘기 중학생처럼 고집불통입니다. 어쩌겠습니까. 이 끝없는 어긋남을….

늘 엇박을 치는 우리 두 사람 사이에 큰 사달이 났던 적이 있습니다. 나는 술 취한 사람을 싫어하고, 남편은 술과 친구를 엄청 좋아하는 것이 문제였지요. 자정이 넘은 시간에 술에 흠뻑 젖은 채로 아랫집 동생과 어깨동무를 하고 비틀거리며 들어오네요. 형님, 동생하면서도 자존심 싸움을 하던 중인가 봅니다.

술이 이미 한계치를 넘은 듯한데 또 술상을 내오랍니다. 지금이 도대체 몇 시인가요. 어이가 없어서 못 들은 체하고 담요 한 장을 들고 밖으로 나와 차에 올랐지요. 몸은 피곤하고 분통이 터질 지경입니다.

담요를 뒤집어쓰고 잠을 청해 보지만 자꾸 신경이 가시처럼 곤두서네요. 한참 후 마을 동생이 나가는 소리가 들려 안으로 들어갔습니다.

"도대체 이 집에는 당신 혼자 사느냐!"고 냅다 소리를 질렀지요. 남편은 적반하장도 유분수지. "아니, 이 지지배가 어디서 큰소리야!" 하며, 잘나가던 일에 산통을 깨 놓았다고 나보다 더 크게 소리를 치더군요. 이럴 땐 참지 말아야 하겠지요. 쿠션과 책을 닥치는 대로 던졌지요. 순식간에 거실은 난장판

이 되었습니다. 그리고는 사흘 동안 싸고 드러누웠습니다.

낙원이 졸지에 실낙원으로 변했어요. 집안에 불빛은 꺼지고 뱃멀미처럼 어지러웠습니다. 신뢰와 존경이 사라졌는데 사랑이 남아 있을 리가 있나요. 갈등이 인간의 본성이라지만 우리에게는 피차 설득이 불가능했습니다. 서로 상대방을 통제하려고 하였지요. 누가 그걸 좋아하겠어요. 마음이 답답합니다. 압력밥솥은 며칠 동안 방학했고, 단식하는 정치인마냥 나도 물만 마셨습니다.

친구를 만나기로 했습니다. 식당에서 함께 밥을 먹으며 다툰 이야기를 했더니 친구는 갑자기 배꼽을 잡고 깔깔 웃더군요. "세상에나! 우리 나이에 지지배 소리를 들으니 얼마나 행복하냐."며 당장 가서 화해를 하라고 하네요.

우리는 굴러가는 낙엽만 보아도 웃음이 나던 시절에 만났습니다. 식탁에 마주앉아 아침밥을 먹고 싶은 것이 소원이었던 시절이지요. 그때 내 눈에 씌워진 콩깍지는 아직도 그대로인데 그가 이렇게 망가지다니요. 술이 가득 들어가니 간이 배 밖으로 밀려나오나 봅니다.

이대로는 하루하루가 불행입니다. 어떻게든 화해를 해야겠지요. 흰 종이 두 장을 준비하고 각자 잘못한 일을 모두 적자고 제안을 했습니다.

나는 주방 식탁에 앉아서 욕했던 것, 불만스러웠던 것들을 다 적었지요. 거실 책상에서 쓰고 있는 남편을 슬쩍 보니 종이 한 장을 가득 채우고 있더군요. 지은 죄가 그렇게 많았나 봅니다.

우리는 각자 종이를 접어서 마당으로 나가 넙죽 바위 아래에 앉았습니다. 접은 종이에 불을 붙여 태우며 마음속으로 기도했습니다. 다 잊게 하시고, 상처조차 아물려 달라구요. 사그라져가는 재티는 순식간에 흔적도 안 남기고 날아가 버렸습니다. 괴로운 마음도 함께 날려 보내기로 했지요. 어쩌겠습니까. 죽으나 사나 함께 살아야 하니.

그 후 우리는 불문율 같은 그 일을 서로 한 번도 입에 올리지 않았었는데, 오늘 명자나무를 보니 생각이 납니다. 그렇지. 접붙여 놓은 명자나무의 꽃 색은 달라도 열매는 같구나. 성격과 취향은 달라도 같은 길 위에서, 같은 지점을 바라보며 가고 있는 것은 똑같다는 생각이 들었습니다.

분홍 꽃과 다홍 꽃이 한 뿌리에서 양분을 받고 토실한 열매도 같네요. 꽃밭인지 채소밭인지의 구별이 무슨 소용이겠습니까. 정성껏 키워 식탁 위에 올리면 그만이겠지요.

새 봄이 오면 명자나무는 어김없이 다홍색과 분홍색 꽃을 함께 피우겠지요. 그리고 가을이 오면 실한 열매들을 맺을 겁니다. 나는 남편이 꽃과 채소를 함께 심는 것을 받아들이기로 했습니다. 그 대신 내년 봄에는 수돗가에 아치를 세우고 넝쿨 장미를 심고야 말겠습니다.

노르스름한 명자 열매를 따서 앞치마에 담았습니다. 나붓하게 썰어 건조기에 말렸다가 흰 눈이 수북이 쌓인 겨울에 차를 끓여볼 생각입니다.

무늬

간밤에 비가 내렸다. 가을비 치고는 제법 많이 내렸지만 아침이 되니 햇살이 맑고 따뜻하다.

만다라를 둘러보았다. 잔디와 바위 위에는 젖은 단풍잎들이 수북하다. 곤충들도 잠잠하고 바람도 잦아들었다. 개집 속의 풍산개는 겨울맞이로 속 털을 키우고, 가끔씩 산을 깎아 개발하는 중장비 소리만이 숲속마을의 정적을 깨뜨린다.

만다라의 터줏대감은 누가 뭐래도 나이를 가늠할 수 없는 바위들이다. 물기 어린 검은 바위 뒷면에 낯선 무늬들이 보인다. 언제 이렇게 많이 생겼을까. 회녹색 페인트를 툭툭 떨어뜨린 듯 얼룩무늬가 퍼져있다.

꽃무늬, 물결무늬, 잊고 있었던 무늬들이 아른거린다. 흑백 사진 속의 어머니는 앵두무늬가 박힌 포플린 저고리를 입고 계셨다. 어릴 적 방바닥에 등을 대고 누워서 허공에 발을 들고 발가락으로 세어보던 천정의 배꽃 무늬도, 외할머니 화투의 홍싸리 무늬도 기억 속에 또렷하다.

가끔씩 숲에서 만나는 화려한 장끼나 야생 고양이의 몸에 얼룩처럼 그려진 무늬들도 예사로 보이지 않는다. 사물의 표면마다 어룽지게 만들어 내는 무늬로 가득한 세상, 무늬들은 모든 독특한 형태로 자신의 존재를 과시하는 듯하다.

바위에 희끗하게 퍼져있는 무늬는 지의류이다. 이끼도 아니고 곰팡이도 아닌 것이 생명체로 자란다는 것이 신기하다. 지난여름 찾아갔던 월악산 만수계곡의 지의류 모습들이 감탄을 자아내게 했었다. 산그늘에 덮인 큰 바위 옆면에 매화꽃인 듯, 목화꽃인 듯, 하얗게 흩뿌려 놓은 무늬도 있고, 측백나무 이파리 모양의 청회색 지의류들이 겹겹이 자라서 바위를 덮기도 했다. 실고사리 모양의 지의류들도 녹색 이끼와 더불어 넓적한 바위 옆면에 거대한 비구상 작품을 그려 놓은 듯했다. 산행을 하고 온 날은 잠자리에 들어 눈 감아도 어룽더룽한 지의류 무늬들이 허공에서 잠들 때까지 난무한다.

“호랑이 무늬는 겉에 있고 사람의 무늬는 속에 있다.”고 한다. 마음결이니 숨결이니 하는 걸 보면 마음으로만 볼 수 있는 속 무늬도 있나 보다.

불현듯 은행나무골 그녀의 마음무늬가 궁금했다. 그녀가 용달 트럭을 내 사무실 앞에 세워놓고 들어왔을 때였다. 그녀는 낡은 지폐 몇 장을 들고 오만 원 권으로 바꿔 달라고 하며, 클래식 기타학원에 수강료로 내려 하는데 낡은 지폐가 부끄럽다고 했다. 행색은 텁수룩한 그녀가 클래식 기타를 배우러 다닌다는 말에 호감이 가서 차를 내주며 얘기를 했다. 사무실 한 옆에 놓인 피아노를 보더니 근사하게 명곡도 연주하는 걸 보니 그녀는 예사로운 사람이 아닌 듯했다.

활달한 성격의 그녀는 처음 만난 내게 곡절이 많았던 자신의 지난 시간을 줄줄 쏟아 놓았다. 어렸을 때는 유복하게 살았고, 청년기에는 프랑스에서 미술공부를 하며 몽마르트르언덕에 가서 그림을 그려 팔기도 했다. 본래 성품이 낙천적이고 호기심이 많았던 그녀는 공부는 뒷전이고 놀기만 좋아하다가 부모의 경제적 지원도 끊겨 그림팔이로 돈을 모아 간신히 돌아왔다고 했다. 걱정거리가 많아도 걱정 하지 않는 호방한 성격임에 틀림없다.

그녀는 홀로 살며 먹고살기 위해 영업용 택시 회사에 입사했다고 한다. 그때 발달장애를 가진 끈질긴 노총각의 구애로 농촌마을에서 살게 되었다고 했다. 자신은 세상구경 다 해보았으니 조금이라도 보람 있는 삶을 살아야겠다고 생각했단다. 늙은 바보 총각의 손바닥 만 한 땅뙈기가 탐이 나서 멀쩡한 여자가 들어왔다고 시골 동네사람들이 수군대는 것도 아랑곳하지 않았다.

그녀는 남편에게 꾸준히 한글을 가르쳐 시내버스 행선지도 읽을 수 있게 하였고, 마을금고에 가서 당당하게 사인 하나로 돈을 찾을 수 도 있게 수백 번 사인 연습도 시켰다. 늘 손가락질만 받던 남편이 허리를 쭉 펴고, 팔자걸음으로 으스대면서 은행 문을 열고 나오는 모습은 오히려 그녀를 행복하게 했다.

생일 선물로 송아지를 갖고 싶다는 남편에게 택시 운전하며 모은 돈으로 송아지를 사주니, 부지런하고 정성스럽게 기르는 남편이 보기 좋았다.

어느 날 남편이 "이 소가 누구 것이냐."고 다그쳐 묻자, "당신 것이지요."하니 그때서야 맘을 놓은 듯, 그 소를 다 키워놓으면 마누라가 팔아 가지고 집 나갈 거라고 동네사람들이 정신 차리라고 했단다.

그녀는 남의 얘기하듯 웃으며 소설 같은 자기 얘기를 풀어놓는다. 욕심도 없고 캔버스 위의 그림처럼, 오선지 위의 음악처럼 살아간다는 그녀의 얘기를 들은 지도 2년이나 지났다.

은행나무골에 산다는 그녀가 지금은 어떤 모습일지 궁금하다. 지나온 삶의 균열을 메우며 소박하게 사는 그녀의 마음속

무늬는 어떤 모양일까. 공해 없이 청정한 곳에서만 자라는 지의류의 무늬를 지니지 않았을까. 화려하지도 않고, 남의 눈에 잘 뜨이지 않아 온 천지에 무늬들이 가득하다. 그 무늬들 속에 아침마다 화투로 하루 운세를 점치던 외할머니도 생각나고, 손마디마다 옹이를 달았던 어머니의 모습도 떠오른다.

어느새 내 마음속에서 일렁이는 무늬는 희망인지, 아픔인지 모르게 어룽진다. 만다라의 바위에 손님처럼 찾아온 지의류들도 마음놓고 번져나서 한 폭의 그림이 되기를 기다려 본다.

뱀

장마기라지만 소나기와 땡볕이 번갈아 오간다. 한편에선 논바닥이 갈라지는 가뭄에 시달리고, 또 다른 지역에선 습한 감자밭에 지열이 높아져서 감자가 썩는다고 아우성이다. 아열대 기후를 닮아 가는가.

'나의 만다라'는 고요하다. 바위 주변의 풀과 나무들은 이파리마다 윤기를 내며 너울거리고 있다. 발소리에 놀라 철쭉나무 밑으로 새끼 뱀이 재빨리 숨는다. 냉혈동물이라지만 녀석에게도 가끔씩은 온기가 필요하여 나왔었나 보다.

처음 숲속마을로 이사 왔을 때는 집 주변에서 더러 뱀도 만나고, 녀석들이 벗어놓은 허물도 눈에 띄었었는데 요즘은 보기 어렵다. 아마도 야생 고양이가 늘어난 탓인가.

내가 여덟 살 무렵, 학교에서 돌아와 안방에 책보를 던져놓고 돌아서는데 구석에서 무엇인가 꿈틀거리고 있었다.

"뱜이닷!"

거무스름한 뱀이 똬리를 풀며 출구를 찾는 중이다. 소스라치게 놀라는 내 목소리에 어머니는 긴 싸리 빗자루를 들고 뛰어 들어와서는, "얼른 나가시게! 여기는 올 자리가 아니네."하며 조심스럽게 뱀을 마당으로 쓸어 내셨다. 검은 뱀은 판자 울타리 밑으로 유유히 미끄러져 사라졌다.

뱀 무덤을 만든 기억도 있다. 학교 근처의 '사뜸다리' 아래 하천 변으로 사내아이들이 부지런히 돌멩이를 던지며, 구경하던 내게도 던지란다. 저 뱀이 죽지 않으면 오늘밤에 우리 집으로 찾아온다고 했다. 안방에까지 들어왔던 검은 뱀에 대한 두려움이 떠올랐다. 정신없이 신작로에서 돌을 주어다 함께 던졌다. 순식간에 뱀은 돌무덤에 묻혔다.

뱀은 정말 싫다. 번질거리는 긴 몸뚱어리와 두 갈래의 혀를 날름거리는 모습은 소름이 끼치게 한다. 혐오감을 주는 외형뿐만 아니라 에덴동산에서 선악과를 따먹게 한 교활하고 간교한 동물이 아니던가.

뱀은 저주의 대상이기도 하다. 거의 모든 동물들은 길든 짧든 다리가 있는데, 조물주에게 그 흔한 다리조차 받지 못하고, 땅을 기며 어두운 굴속에서 살아야 할 운명이다. 싹수가 없는 망동에게는 "에라이. 뱀처럼 기어서 흙이나 먹고 살아라."라고 악담의 소재가 되기도 했다.

그러나 성서에는 "너희는 뱀처럼 지혜롭고…." 라고 쓰여 있고, '길가메시 신화'에서는 귀한 불로초를 "영리하고 지혜로운 뱀"이 훔쳐갔다고 나온다. 불뱀에 물린 자는 장대 끝에 달린 놋뱀을 쳐다보기만 해도 치유가 된다는 구약성경의 이야기는 오래도록 궁금증을 자아냈다. 놋뱀은 신약성경에서 십자가에 달리신 예수 그리스도를 예표한 것으로, 복음은 의외로 단순하게 받아들이라는 뜻으로 이해되기까지는 오랜 시간이 걸렸다. 그런데 왜 하필 뱀일까.

예로부터 뱀은 우리 생활에 깊숙이 들어와 있었다. 옛 어른들은 뱀도 '업'이라며 한 집안의 살림을 보호하거나 보살펴 준다고 믿었다. 지붕 밑이나 부엌의 나뭇짐 속에 있는 구렁이도 함부로 내치지 않았다. 또한 용을 임금의 상징이라고 하여, 옷은 곤룡포, 바다의 임금은 용왕이라고 하지 않았나. 부처님도 기근과 역병에 시달리는 중생들을 구하기 위해 스스로 뱀으로 변신하여 '나가'라고 불리기도 했다. 그리스의 신화에도 적잖이 등장하는 동물이 뱀이다.

꽃과 여인과 나비를 즐겨 그리던 화가 천경자는, 「생태」 라는 제목으로 뱀 무더기를 그렸다. 가난하여 여동생이 병으로 죽어가는 것을 지켜볼 수밖에 없었고, 자신의 불행했던 결혼생활로 절망에 빠졌을 때였다. 화가는 스스로에게 채찍을 가하는 심정으로 뱀 장수의 집을 찾아갔다. 심리적 고통 속에서, 화가는 꿈틀거리며 서로를 옮거는 뱀의 역동적인 생명력이 자신의 구원이 될지도 모른다며 뱀 집을 찾았고, 주인은 그 화가에게 서슴없이 유리로 된 뱀 상자를 덮은 덮개를 벗겨주었다.

화가는 전신에 돋아나는 소름을 눌러가며 서른다섯 마리의 뱀 덩어리를 그렸다. "나는 생을 갈구했고, 그 속엔 저항과 뜨거운 열기가 공존했다."라며 뱀과 마주했던 심정을 표현했다.

한참을 들여다본 뱀 그림에서는 느슨했던 온몸의 촉각들이 곤두서는 것 같고, 천길 낭떠러지 위의 출렁다리에 선 것 같은 공포심도 몰려왔다. 참 이상하게도 그 불편함 앞에서 힘이 주어짐을 느꼈다.

천경자 화백의 인내와 용기와 도전이 이해가 되며, 그의 예술성에 감탄하고, 한편 끝없이 사랑을 갈구했던 여성성에 연민을 느끼기도 했다. 그의 뱀 그림 작업은 삶에 대한 치열한 도전이며 애착의 과정이었다.

뱀은 치유와 회복, 그리고 재생의 의미가 있다고 한다. 세계보건기구의 마크에는 한가운데 세워진 파란색 지팡이에 뱀이 감겨져 있다. 구급차에도 지팡이를 감고 있는 뱀이 그려져 있고, 의사협회의 '헤르메스 지팡이'에는 뱀이 두 마리나 감고 올라갔다. 그리스 신화에서 의술의 신 '아스클레오피스'는 뱀이 약초를 찾아내는 특별한 능력이 있다 하여 한 손에 항상 뱀이 감긴 지팡이를 들고 다녔다고 한다.

풀 섶에서 허옇게 바랜 뱀 허물을 마주한 적이 있다. 뱀은 오롯이 스스로의 힘만으로 제 껍질을 벗어놓고 사라진다. 소나무도 껍질을 터트리며 성장하듯 허물은 과거이며 성장통의 흔적이다. 뱀에게서 허물을 벗는 일은 새로 태어나는 부활이다.

거듭나려면 뱀처럼 허물을 버려야 하는데 누추한 나의 허물은 벗어버려야 할 때를 놓치고 산다. 허물에 갇혀서 성장하지 못하고 늘 제자리이다. 허물을 벗지 못한 나는 용서와 포용에도 인색했다.

"뱀처럼 지혜롭고…." 라는 말을 되새기며, 뱀에 대한 편견에서 조금은 유연해질 수 있을 것 같다.

소나기가 또 한줄금 내리려나. 하늘이 어둑해진다. 만다라 바위 밑을 빠르게 기어서 숨는 새끼 뱀도 몸이 자랄 때마다 허물을 벗고 지혜롭게 성장했으면 좋겠다. 내 오래된 기억 속의 '뱀'에 대한 공포를 서서히 밀어내도 될 것 같다.

빈 화분

빗줄기가 시원하다. 뜨겁고 습한 삼복더위 중에 기다리던 꿀 비다. 앞마당 화단가에 울타리인 양 줄지어 앉은 화분 위에도 물방울이 튀어 오른다. 작달비는 불볕에 달구어진 화분을 씻기며 열기를 내려준다.

이제는 우리도 비우고 살자는 친구들의 권유에 장롱이며, 창고며, 냉장고 속까지 끄집어내어 비움을 하고 있지만, 오래전부터 마당가에 가지런히 놓은 빈 화분은 버릴 수가 없다.

얼마 전 괴산 장에서 사온 노란 장미는 노란색 플라스틱 화분에 심겨져 있었고, 분홍색 장미는 흙빛 플라스틱 화분에 심겨져 있었다. 남편이 모두 화단에 옮겨 심고 난 후 빈 플라스틱 화분을 쓰레기 자루에 버렸다. 나는 다시 쓰레기 자루를 뒤져 화분을 찾아냈다. 장미들이 새 땅에 뿌리를 내릴 때까지만

이라도 그들의 옛집을 곁에 놔주고 싶었다. 빈 화분 두 개를 장미밭에 놓았다.

아파트에 살 때는 베란다에 가득 화분을 가지고 있었다. 고무나무, 몬스테라, 파키라와 벤자민 등 지인들이 보내준 화초들이 많았다. 시집간 딸은 엄마 집을 떠올릴 때마다 올망졸망한 화분에 심겨진 '아이비'와 '꽃기린'이 생각난다며 제 집 베란다에도 화분을 늘려가고 있다고 했다. 보고 자란 대로 따라 하게 되는 것이겠지.

마당이 넓은 시골 주택으로 이사 오자 실내용 화초들이 하나 둘씩 수명을 다했다. 정원에 심을 수 있는 나무들과 야생화에 정성을 들이다보니 실내용 식물들에게는 소홀했나 보다. 빈 화분이 계속 늘어났다. 더러는 '다육이'를 심겠다는 이웃에게 주기도 했지만 식물들이 싱싱하게 자라던 모습과 보내준 이들의 정성은 오래도록 기억하고 싶었다.

수돗가에 가지런히 모아놓은 투박한 옹기화분, 비비추 화단가에 줄지어 앉아있는 매끈한 사기화분, 크고 작은 플라스틱화분, 돌 화분까지 종류와 모양도 다양한 것이 마치 산 아래 동네의 집들이 옹기종기 모여 있는 듯하다. 화초들의 옛 집이다.

품이 넓은 화분에는 잠시 제라늄도 가득 심어보고, 옹기화분에는 텃밭 가에 퍼져있는 돌나물도 한 삽 떠다 심어 노란 꽃을 별무리처럼 피웠다.

빈 화분은 텅 빈 채로 다소곳이 앉아 있는 모양도 보기 편하고, 주둥이를 크게 벌리고 어미 새의 밥을 기다리는 것 같은 모습도 보기 좋다.

오래전 시골로 첫 발령을 받았을 때였다. 자취살림 몇 가지를 싸들고 기차를 타고 발령지로 갔다. 집을 떠나 객지 생활에 힘들고 외로울 거라며 친구들이 큰 화분을 선물로 보내주었는데, 넓은 잎을 자랑하던 듬직한 '문주란'이었다.

때 맞춰 물주며 햇빛 드는 창가에 두고, '문'씨 성을 가진 '주란' 이라며 친구같이 지냈다. 업무로 지친 채 퇴근해서 집으로 가면, 문에 달린 주먹 크기의 자물통이 가슴을 시리게 하던 시절이다. 그럴 때 늠름한 '주란이'는 내게 큰 위안이었다.

한 학년을 마치고 겨울방학 동안 집에 왔다가 자취방에 가보니 그 큰 문주란 잎이 얼어서 처참하게 늘어져 있었다. 냉기 도는 자취방에서 짐도 풀지 못한 채 얼어 죽은 문주란을 보며 주저앉아 울었다.

문주란의 가여운 운명 때문인지, 집 떠난 내 외로움과 청년기의 이유 모를 막막함 때문이었는지 모르겠지만 그때만 생각하면 지금도 맘 한쪽 구석이 시리다. 아마도 문주란이 있던 빈 화분을 이사할 때마다 가지고 다니던 버릇이 지금까지 남았나 보다.

빈 화분에는 나름대로 생명의 온기가 있다. 그리고 바라보기에도 편안하다. 식물들에게 물이 모자랄까, 햇빛이 모자랄까 동동거리던 때를 생각하면 텃밭과 정원의 나무 돌보기로 바쁜 지금은 텅 빈 화분의 모습이 일거리를 줄여주어 오히려 다행이라 할까.

빈 공간에서는 여백의 여유로움도 느낄 수 있다. 그곳은 내면에서 숨쉴 수 있는 휴식도 있어 마음의 우물 같은 곳이다. 그 앞에 고요히 앉아 숨도 고르고, 마음도 비워본다. 비우고 내려놓으면 자유롭다. 그래서 삶의 중심에도 공간이 필요한가보다.

빗줄기가 빨려들듯 들어가는 한 아름드리 사기 화분을 내려다본다. 깊숙한 아랫면에 작은 배수구 하나 동그랗게 뚫려있다. 한참을 들여다보니 그곳에서 눈보라치던 날의 제주 산굼부리가 떠오른다. 겨울 여행 중에 굳이 그 엄청난 분화구를 보겠다고 우기며 귓바퀴가 떨어져 나갈 듯 추운 날에 '산굼부리'를 찾았었다. 깊게 파인 거대한 분화구를 내려다보고 망연히 서있자니, 두려움인지 외로움인지 모를 감정에 울음이 차오르기도 했다.

이름도 잊은 어느 시인의 글을 읽었을 때도 그런 감정이었다.

산이 좋아 험산에 올라도 내 맘 안 풀리더니
바다가 좋아 푸른 바다에 가도 내 맘 안 풀리더니
사막. 끝없는 텅 빈 사막에서 드디어 내 맘 풀렸네.

의지할 곳, 기댈 곳 없는 마지막에서 오히려 삶의 희망이 용솟음치는 것과 같은 심리일까. 산굼부리에서는 찬바람이 살을 갈라놓을 것 같았지만 뭉쳐있던 마음이 다 풀리는 듯했다.

노자는 유有에서 무無가 나오고, 무無에서 유有가 발생한다고 했다. 텅 빈 공간은 그냥 비어있는 것이 아니라, 기氣가 충만하여 만물이 유통하고, 생명이 그 안에서 움튼다고 했다. 동양화에서도 여백을 미완성으로 보지 않고, 원기가 생성되는 완성된 작품으로 보았다.

시인이 여백의 미학을 모르고 시를 쓸 수 있을까.

"내 속엔 내가 너무도 많아, 당신의 쉴 곳 없네." 라고 노래하듯 내 맘에 여백이 없다면 어느 곳에 쉼터를 만들고 사랑을 담을까.

크고 작은 화분들의 품으로 실비가 고루 내린다. 화분들은 위에서 내리는 대로 받고, 아래로 조용히 흘려보내며, 지혜로운 어른인 양 순응하고 있다.

어수룩하게 빈 모습으로 비와 눈도 담고, 해와 별도 담는 빈 화분이 나는 좋다.

생강나무를 생각하다

등산로에 들어섰다. 산을 오르는 중에도 풍산개동아리 회원이 보낸 문자가 자꾸 떠오른다. "홀로서야 할 때인 듯합니다. 심경이 복잡하나 이런 것이 인생이기에 버티고 버티며, 이기고 또 이겨내려 애씁니다." 그의 속사정은 알 수 없으나 묻기도 어려워 괜스레 내 맘도 착잡하다.

'낙가산'은 경사가 가풀막지다. 군데군데 나무 계단이 있지만 위를 쳐다보니 끝까지 오를 수 있을지 망설여진다. 여기까지 왔으니 한나절 내내 산에서 보내리라 생각하고 한 계단씩 도두밟아 오르기로 했다. 숨이 턱에 찬다. 산행하는 사람들마다 날다람쥐처럼 오르는 산길을 시작부터 겁먹고 포기하면 남은 날들을 어떻게 건강하게 살 수 있을까. 오늘은 기필코 정상까지 가 보리라.

산자락을 넘을 때마다 오르기와 평지걷기를 반복하다 보니 어느새 중간지점은 지났나 보다. 엉덩받이에 앉아 가쁜 숨을 진정시키며 눈을 들어보니 산비탈 아래쪽으로 진달래꽃과 생강나무 꽃이 수채화를 그린 듯 자연스럽게 어울려 피어 있다. 군락을 이룬 꽃나무들은 우리 집 비탈정원에 심겨진 '삼남매'를 떠올리게 한다.

삼남매는 몇 해 전 봄에 아랫집 마을회장님이 읍내 시장에서 사다 심었던 생강나무이다. 산수유나무로 알고 심었는데 생강나무였다며 다시 산수유나무를 사 왔다고 했다. 산수유나무와 생강나무를 구별 못한 건 나도 마찬가지였다. 버리겠다는 생강나무가 모양은 볼품없지만 건강하기에 내가 얻어다 심었었다.

생강나무는 야산에서 무리들과 어울려 살았어야 했는데 입양과 파양을 거듭하며 몇 번씩 옮겨져 몸살을 앓으면서도 가지 셋을 튼실하게 키워내 '삼남매'라고 이름을 붙이고 마음을 주던 터였다.

뜰에서 가장 먼저 봄을 알리는 생강나무 꽃이 튀밥 튀듯 노랗게 피어나더니 뒤이어 아랫집에 있는 샛노란 산수유 꽃이 몽글몽글 피어난다. 아랫집 산수유나무의 노랑꽃은 목을 길게 빼고 가드락거리며 우리 집 삼남매를 올려다보고 있다. 으스대는 듯하다. 꽃자루가 짧아 가지에 오종종하게 붙고 간격도 드문드문한 생강나무 꽃은 산수유나무 꽃에 비해 소박하다 못해 초라한 모습이다.

숨을 고르며 골짜기에 무리를 지어 자라고 있는 생강나무들을 본다. 정원에서 산수유나무에 밀려난 생강나무처럼 얼핏 보기에 보잘것없어 보이는 생명체들이 우리 주변에는 참 많다. 그러나 주위의 도움도 없이 스스로 지탱해 나가는 온갖 풀과 나무들, 벌레들, 크고 작은 짐승들까지 개체성을 유지하며 온생명의 삶을 이어간다는 것은 얼마나 경이로운가.

한 계절에 마당 한편을 가득 차게 번지는 종지나물 꽃, 바람에 날려 사명을 다하는 엉겅퀴 씨앗, 뱀이 벗어 놓고 간 허물, 정교한 솜씨로 집을 짓고 먹이를 기다리는 거미까지도 그 생명력이 예사로 보여 지지 않는다. 이렇듯 자연에너지를 바탕으로 생명현상들이 이어지고 인간의 삶도 그중 하나인 낱생명으로 유지 되는 걸 보면 자연과 인간은 분리해서 생각할 수 없다.

그럼에도 인간은 이런 소소한 생명체를 배려하지 못하고 함부로 대하는 일이 얼마나 많은가. 한때는 나도 그랬다. 나무들 사이의 거미줄을 사정없이 털어내고 개미굴 속에 물을 붓던 나는 미미한 생명들에게 너무나 무관심했고 이기적이었다.

야산에서 진달래와 더불어 있어야 할 생강나무가 우여곡절 끝에 내 집 뜰로 왔지만 이 산비탈에 무리지어 살았다면 더 행복하지 않았을까. 산수유나무는 산수유나무대로, 생강나무는 생강나무대로 소중하다.

사람멀미로 지친 지인은 또다시 「무소의 뿔처럼 혼자서 가라」는 제목의 시 한 구절을 보내왔다. 견디어 내겠다는 다짐이 보이는 듯하다. 그도 알고는 있으리라. 당당하게 혼자서 가겠다고. 하지만 우리는 어느 누구도 혼자가 아니며, 당신을 분노케 한 그 사람조차도 '우리' 라는 울타리 안에 소중한 구성원이었다는 것을. 틀리다고 말하지 말고 다름을 인정해야 한다는 것을.

차가운 이성으로 머리에서 계산된 일이 따뜻한 가슴까지 내려오는 데는 많은 시간이 걸릴 것이다. 자연 속의 생명들이 역경을 견디어 내듯 그도 잘 이겨내어 편안해졌으면 좋겠다.

마지막 계단을 오르기 시작했다. 힘겨워 하는 내게 내려오던 젊은이가 말을 붙인다.

"조금만 더 가시면 정상입니다. 거의 다 왔어요."

격려와 희망은 새 힘을 갖게 한다. 정상을 향해 다시 오른다.

어머니로부터 떨어져 나온 생강나무. 고향으로부터 멀리 와서 내 집 정원에 뿌리를 내린 생강나무를 보며 생각한다.

삶은 쉽지도 않다.

삶은 어렵지도 않다.

그냥 뚜벅 걸음으로 가다 보면 길이 보이더라.

마음 아파하는 지인에게 들려주고 싶은 말이다.

제3부

실뜨기

실뜨기

엉겅퀴

지하세계

기억창고

동맹 맺기

무싱아! 신발 훔쳐간데이

물속에 선 나무

반려동물 이야기

곤충들의 실뜨기는 보기에 관능적이다.

등에 업혀 붙은 놈,

긴 꼬리를 말아 둥글게 모양을 만들고 둘이 붙은 채 하늘을 나는 놈.

뒤집어진 채로 데굴데굴 구르면서도 단단히 붙어 있는 놈,

나름 형이상학적인 오르가슴을 즐기는 것 같다.

— 〈실뜨기〉 중에서

실뜨기

밤이 되니 제법 서늘하다. 창가의 풀벌레 소리가 마치 연주를 준비하는 오케스트라 현악기의 스트링 같다.

칫 찌르르르. 쯔리이이~. 또르르르릉. 찌르르륵 찌르륵.

수컷들이 짝을 부른다. 여치, 땅강아지, 귀뚜라미, 방울벌레, 베짱이들이 한껏 청아한 소리를 낸다. '나를 받아 주오.' 하는 사랑의 세레나데인가. 얼핏 불협화음 같지만 가만히 들어보면 소리의 길이와 음높이에서 나름대로 규칙이 있다. 눈을 감고 들어도 오색의 찬란한 빛이 느껴지며 저절로 명상에 들게 된다. 어느새 가을이 문턱에 와 있다.

새벽에 일어나 마당가의 텃밭을 살폈다. 이슬에 흠뻑 젖은 배추밭엔 어린 달팽이들도 붙어있고, 녹색의 배설물이 있는 곳에는 영락없이 연둣빛 배추벌레가 터 잡고 있다. 그중에서도 폴짝거리며 뛰는 섬서구메뚜기들이 배춧잎마다 구멍을 낸다. 땅심 돋워서 농약 없이 키운 먹거리인지라 녀석들이 단체로 몰려들었다.

풀벌레를 잡으려고 쪼그려 앉아서 배춧잎을 들여다보았다. 섬서구메뚜기의 어미가 새끼를 등에 업고 있는 것 같다. 짝을 지은 암컷과 수컷이다. 오호라, 등에 올라탄 작은 녀석이 서방이로구나. 녀석들은 겨울이 오기 전에 제 종족을 번식시키려고 연한 배추포기에 터 잡고 앉아 밭주인이 보는 줄도 모르고 태연히 서로 꽁지를 붙이고 '실뜨기'를 하는 중이다.

'실뜨기'는 어렸을 적 우리 자매들의 놀이였다. 젖 물려 아기를 재워 놓은 어머니는 우리에게 조용히 놀아야 한다며 실뜨기를 가르쳐 주었다. 동생과 나는 무릎을 맞대고 앉아 굵고 긴 실을 둥글게 매듭지어 실뜨기 놀이를 즐겨 했다. 순서대로 날틀, 쟁반, 젓가락, 베틀, 소눈깔, 절굿공이를 번갈아 만들며 실이 엉킬 때까지 소근대며 놀았었다. 잠든 아기가 깨지 않도록 숨죽이고 집중해야 하는 놀이이다.

실뜨기를 좋아한 건 삼촌도 마찬가지였다. 삼촌은 군대에서 제대하자마자 얼굴이 뽀얗고 눈이 가느스름한 아가씨와 맞선을 보더니 서둘러 장가를 갔다. 새살림을 나기 전에는 우리 집 건넌방에서 함께 살았는데 문 닫고 조용히 지내는 때가 많았다. 그때 어머니는 "삼촌네가 방에서 조용히 실뜨기를 할 때는 함부로 문 열고 들어가지 말라."고 했다. 유년의 시절에는 삼촌 내외가 우리들처럼 정말 실뜨기 놀이를 하고 있는 줄 알았다. 사춘기를 거치며 어머니가 말한 또 다른 '실뜨기'의 의미를 이해하게 되었다.

곤충들의 '실뜨기'는 보기에 관능적이다. 등에 업혀 붙은 놈, 긴 꼬리를 말아 둥글게 모양을 만들고 둘이 붙은 채 하늘을 나는 놈, 뒤집어진 채로 데굴데굴 구르면서도 단단히 붙어 있는 놈, 나름 형이상학적인 오르가슴을 즐기는 것 같다. 그럼에도 음탕해 보이지는 않는다. 그들의 한살이 과정에서 후손을 남겨야 하는 사명使命이 인간이 추구하는 쾌락과는 사뭇 다르기 때문일까.

접사렌즈로 풀벌레들의 모습을 찍었다. 참깨밭에서 사랑을 부르는 노린재는 엉덩이를 훼훼 흔들며 터울거리다가 짝이 정해지면 엉덩이끼리 잇댄다. 머리는 서로 반대편을 향한 채 미동도 없다. 미세한 움직임으로 사랑의 기쁨을 누리는 동안에는 사람의 인기척도 두려워하지 않는다.

왕사마귀의 사랑 방식은 독특하다. 수컷이 암컷의 등 위에 올라타고 사랑을 나눈 후 암컷이 수컷을 대가리부터 바수어 먹는다. 몸을 섞어 붙인 채 암컷에게 순순히 몸을 내주는 수

사마귀는 고통스러울까, 아니면 지아비로서의 희생으로 만족할까.

남자들은 암사마귀를, '제 서방 잡아먹는 독한 년'이라고 욕한다. 그러면서 자신들이 수컷 왕사마귀로 태어나지 않은 것이 천만다행이라며 밤이 늦도록 술잔을 부딪친다.

독한 암사마귀는 짝짓기와 동시에 이미 여자가 아니고 어미이기 때문이리라. 자연의 섭리는 오묘하고 경이롭다. 후손을 위해 넉넉히 양분을 섭취한 암컷은 몇 주 지나 돌 틈과 나무 뿌리 사이에 알을 낳은 후 홀쭉해진 배와 기진한 팔다리를 숲에 내려놓는다. 먼저 보낸 수컷을 따라가려는 듯 기꺼이 생을 마친다. 숭고한 그들의 사랑 방식을 풀잎과 들꽃들은 알 것이다.

배추 포기마다 짝지은 섬서구메뚜기들을 가만히 보고 있자니 피식 웃음이 난다. 지난해 겨울, 앞산 고라니의 실뜨기를 눈치챈 밤에 남편과 나누었던 그 일이 새삼 떠올랐기 때문이다.

흰 눈이 사르륵거리는 밤에 고라니가 '쿠왝 쿠왜액!' 비명에 가까운 괴성을 질렀다. 수고라니가 암컷을 부르는 소리이다. 그 소리를 듣고 성숙한 암컷이 찾아오면 고라니 부부는 그때부터 은밀한 실뜨기에 들어간다. 새 봄에 태어날 새끼를 위해 수컷이 만든 보금자리에 신방을 차린 것이다. 짐승이나 곤충들의 실뜨기는 몇 시간, 혹은 며칠씩도 이어진다 하니 그들의 그 순간은 절실하고도 진지할 것이다.

짝을 정한 고라니가 실뜨기를 시작한 듯 숲이 조용해졌을 때쯤에 남편이 슬그머니 나를 흔들어 깨운다. 숲속마을에서 자연과 친구 되어 살자고 한 남편은 신방 차린 고라니들이 부러웠나 보다. 우리도 실뜨기를 하잔다.

눈 내리는 겨울밤은 깊고 길다. 듣는 사람이 없는데도 우리는 숨죽이며 실뜨기를 했다. 조용히 날틀부터 시작하여 차례로 쟁반도 만들어 보고, 젓가락과 절굿공이도 만들어 본다. 공격도 하고 방어도 하며 한 쌍의 겨울 고라니가 되었다.

숭숭 구멍난 배춧잎을 본다. 많이 먹어 두어야 할 섬서구메뚜기들의 삶이 절정에 이르렀다. 제 몸집의 열 배는 됨직한 암컷의 등 위에 작은 수컷이 가볍게 올라앉았다. 수컷은 옆으로 살짝 허리를 비틀어 암컷의 날개 밑으로 꽁지를 붙였다. 심지를 암컷에게 깊게 넣은 채 아무리 암컷이 폴짝이며 뛰어도 절대로 떨어지지 않는다. 그런 수컷의 모습은 작지만 당차 보였고, 길쭉한 주둥이를 내밀은 암컷은 풍만하며 수줍어 보였다.

점점 날씨가 추워진다. 고단했던 한 생을 마치게 될 섬서구메뚜기들은 땅속에 알을 묻고 이제 곧 시들어 가는 풀숲에 몸을 누일 것이다.

살아있는 생명들의 실뜨기는 그들에게 주어진 사명이다. 풀벌레 잡는 일은 그만 두어야겠다. 배춧잎이 몇 닢 결딴난들 어떠랴. 풀벌레들의 향연을 축복하며 곧 끝나게 될 그들의 마지막 생生을 기다려 주자.

아침 공기가 싸늘하다. 배추밭 고랑에서 섬서구메뚜기들이 놀라지 않게 조용히 일어선다. 미물들의 삶이 예사롭지 않게 느껴지는 아침이다.

엉겅퀴

뜨락에 아침 이슬이 채 마르지 않았다. 평소에는 아침잠이 많았는데 지난밤에 꿈자리가 뒤숭숭하여 새벽잠을 설쳤다. 나의 만다라에 갔다. 어른 예닐곱은 둘러앉을 만한 흰색 너럭바위와 그보다 작은 검은 바위, 또 그보다 조금 더 작은 검은 바위가 삼각형을 이루며 놓여있는 곳을 중심으로 빙 둘러 '나의 만다라'로 정했다.

만다라 주변에는 단풍나무와 소나무들이 자라고 사피소나무 아래 쌓아놓은 모래 더미에는 집고양이 '루키'가 제 화장실도 만들어 놓았다. 바위 옆 소나무에는 가끔 손가락으로 튕겨버리고 싶은 송충이도 눈에 띄지만 그곳의 모든 생명체가 만다라의 구성원이라서 그냥 지켜보기로 했다. 나의 만다라는 작은 부분이지만 이 공간에서 자연을 관찰하고 명상하기에도 좋다.

오래전 중국여행 때 만다라를 제작하는 스님들을 본 적이 있다. 수행의 과정으로 가느다란 대롱에 색 고운 모래를 넣고 숨죽여 가며 그림으로 만들고 있었다. 여러 명의 수행자들이 둘러앉아 만다라에 들어가 진리와 우주를 형상화하는 고도의 훈련을 하는 중이었다. 집중하여 몇날 며칠에 걸쳐 모래그림을 완성시킨다.

큰스님은 완성된 만다라를 보며 설법 후 한순간에 허물어 버린다. 이게 무슨 일인가. 무상하다. 큰스님은 인생의 경로와 우주의 질서를 설명하고, 최후의 완성은 모든 것이 공空하고, 공空하다는 걸 깨우쳐 준다.

해체가 진정한 완성이다.

서너 평 남짓한 나의 만다라에서 생각한다. 무수한 생명체들은 탄생하고 번식하여 영화를 누리다가 마침내 해체된다. 바위에 기대앉자 가만히 둘러본다. 검은 바위 옆에는 해묵은 철쭉, 엉겅퀴들, 망초들이 터를 잡았다. 바위 밑 청색 돌을 들춰보니 굵은 지렁이가 흙 한 점 묻히지 않고 윤기를 내며 서서히 구멍으로 숨는다. 올해 유난히 극성을 부리는 황주까막노래기들도 습한 곳에서 고물거리고 달팽이도 더듬이를 좌우로 흔들며 느릿하게 움직이고 있다. 지상의 생명체들은 햇빛을 받으려 안간힘을 쓰고, 지하의 생명체들은 어둠을 안식처로 삼는다. 이 생명체들을 통하여 삶을 더 볼 수 있을까.

요즘은 엉겅퀴를 세세하게 살피고 있다. 너럭바위 아래 바짝 붙어 자라는 엉겅퀴는 이제 시들어가고 있다. 보랏빛 꽃이 활짝 피었을 때 꽃송이 속에 머리를 박고 꿀을 모으던 벌들도 뜸해졌는데 자세히 보니 꽃받침 아래에 한두 마리씩 죽어서 매달린 벌들이 보인다. 가시에 찔렸나. 엉겅퀴에 독이 있었을까. 이곳저곳에 흩어져서 피고 있는 엉겅퀴 꽃들마다 죽은 벌들이 매달려 있다. 마치 순교자의 모습같이 경건한 벌들의 시체는 어찌된 일인가.

몇 해 전 야산에서 옮겨온 엉겅퀴 한 그루가 해를 기듭하여 번지더니 이제는 뜰 이곳저곳에 퍼졌다. 털과 가시가 달린 잎을 사방으로 활짝 펴고 있어 정원을 돌아보려면 조심조심 피해 다녀야 한다. 약초로서도 으뜸이라지만 그 맑은 보랏빛 꽃 색깔은 어느 꽃과도 견줄 수 없이 고와서 마구 퍼져도 그냥 내버려 두었었다.

여러 그루의 엉겅퀴 중에서도 너럭바위 틈에 자리 잡고 거세게 자라는 '왕 엉겅퀴'가 나는 좋다. 튼실한 꽃대와 누구도 접근하지 못하도록 잎 끝에 날카로운 가시를 달았다. 엉겅퀴의 꽃말이 '엄격, 고독한 사람, 독립'이라는 뜻을 지녔다 하니 더욱 호감이 간다.

매사를 망설이고 끈기조차 부족해서 무슨 일이든 시작만 그럴듯한 나는 엉겅퀴의 그 어엿한 위세와 끈질기게 확장해 나가는 열정이 부럽다. 오늘 나는 엉겅퀴의 삶에서 만다라 수행의 의미를 찾는다.

여기 아무것도 없습니다.
이제부터 만다라를 만듭니다.
그리고 해체합니다.
지금 아무것도 없습니다.

엉겅퀴의 씨앗은 보일 듯 말 듯 아주 작다. 그러나 다 자란 엉겅퀴는 마치 창과 방패로 무장한 장군 같은 모습이다. 하늘을 향해 사방으로 펼친 잎 끝마다 가시를 달고 '네모 메 임퓨네 라세시트(누구든 나를 건들면 무사하지 못하리라).'를 외치고 있다. 척박한 땅에서도 잘 자라고 퍼져 나가는 속도도 빠르다. 고독하지만 엄격하고 독립적이라는 꽃말이 잘 어울린다.

꽃과 벌의 공생이 절정이었을 때 꿀벌들은 머리를 엉겅퀴 꽃 속에 들이밀고 엉덩이를 하늘로 치켜든 채 꿀을 모았었다. 뒷다리에는 노란 꽃가루를 한 덩이씩 달고 일벌의 사명을 다

하고 있었는데 시들어가는 꽃송이 아래 벌들이 죽어 매달린 사건의 실마리가 풀렸다. 벌들은 불꽃같은 삶을 완성했고 이제 조용히 해체되는 중이었다.

일벌들이 육각형의 방 하나에 꿀을 가득 채우려면 팔천 송이의 꽃이 필요하다는데 삼십여 일 남짓 부여받은 생애 동안 그 많은 꿀을 모으려니 엄청난 노동량이 짐작이 간다. 그들은 지쳤다. 여왕벌의 군사로서 사명을 다하고 기력이 쇠하여 제 집까지 돌아가지 못하고 꿀을 머금은 채 생을 마친 것이다. 고단했던 시대의 우리들의 아버지 모습이 저러하지 않았을까. 꽃 아래 매달린 벌들이 바람결에 건들거리고 있다.

꿀을 내주고 씨앗을 맺은 엉겅퀴는 이제 서서히 화려했던 성을 허물고 최후의 완성을 향해 가고 있다. 솜털을 낙하산 삼아 바람을 타고 유영하듯 떠난다. 가벼운 몸으로 바람이 세게 불어주기를 기다린다.

'이제 아무것도 없습니다.'

엉겅퀴의 삶에서 만다라 수행을 본다. 모든 것은 결국 해체되리라. 생성되고 번성한 후 평온하게 무無로 돌아가는 우주의 섭리가 그곳에도 있었다. 긴장했던 숨을 내쉬며 나의 만다라를 둘러본다.

언젠가는 나도 해체될 것이다.

지하세계

장마에 갇혀 한참 만에 나의 만다라에 나왔다. 바위들은 웅크리고 앉은 채 담담히 우기를 넘기고 주변에는 덩굴 풀이 무성해졌다. 파란 달개비꽃과 잎사귀 뒤의 미묘한 그늘이 엉켜버린 숲을 더욱 풍성하게 한다.

우기 동안의 고요함은 견디기 힘들었다. 혈육들도, 지인들도 아득하고 유배지에 떨구어진 양 갈피를 잡기 어려웠다. 비가 그친 틈을 타서 만다라에 나와 서성거려 본다. 물질로 태어나서 물질에 싸여 살지만 가슴 쪽인지 등 쪽인지 알 수 없는 곳에서 마음을 훑는 허허로운 느낌은 무엇일까. 외롭지 않은데도 외로움을 타고, 두렵지 않은데도 두려울 때가 많다.

만다라 주변에는 침묵이 내려앉았다. 아직 물기가 가시지 않은 질척한 땅 위로 지렁이 똥 무덤들이 거품처럼 보글보글 올라와 있는 것이 살아있는 것들의 흔적이다. 땅 껍질 아래에 지렁이 마을이 있나 보다.

잡풀이 들어찬 잔디 위로 지렁이 몇 마리가 올라왔다. 그중에 굵직한 녀석들이 환대環帶를 두른 걸 보니 번식기인가. 자웅동체이지만 짝을 찾아 서로 정자를 주고받으니 풀벌레들처럼 상대를 까다롭게 고를 이유가 없다. 느릿느릿 기어서 연분을 만나기만 하면 그만이다.

지렁이에게 땅 위의 세계는 위험하다. 번식을 위한 외출이지만 어느 순간 여름 태양이 내리쬐면 순식간에 달아오른 바닥 위를 벗어나지 못하고 마른 채 오그라든다. 순도 높은 금속이 무르듯 순수함은 오히려 불안정한 것일까. 눈도 코도 없이 오로지 감각만으로 사는 지렁이들은 땅 위의 변화에 빠르게 대처하지 못하고 말라 죽거나 날짐승들의 먹이가 되기 십상이다. 지렁이에게는 어둡고 습한 땅속세계가 안식처이겠다.

지렁이뿐이랴. 수많은 땅속 동물들이 한 세계를 이루어 살고 있는데 우리는 그들이 낯설다. 그들은 크기도 작고, 몸체도 특이하여 우리에게는 익숙하지가 않다. 풀을 뽑다가 지네나 실뱀이라도 마주치면 소스라치게 놀라게 되는데, 아마도 놀라는 것은 골리앗 같은 사람을 마주친 그들도 마찬가지가 아닐까.

지하세계가 궁금하다. 흔히 '지하세계'라는 단어는 어둡고 축축하고 비밀스런 느낌을 준다. 햇빛 한 점 들어오지 않는 그곳이 우리에게는 공포감마저 느끼게 하지만 그곳에도 많은 동물들이 산다. 그 종류도 다양하여 개개의 본성조차도 알지 못하기도 하고 알려고 하지도 않았었다. 우리의 지각을 훌쩍 뛰어넘는 실재가 지표면 아래 버젓이 존재하고 있음을 이제는 들여다보고 싶다.

온통 뿌리가 그물망처럼 얽혀있을 것 같은 땅은 생성의 흔적이며 어머니의 소중한 태胎와도 같다. 오래된 세월을 간직한 채 죽은 생명을 품기도 하고 새 생명을 탄생시키기도 한다. 심연의 지하는 어떨까.

중세 화가들의 그림 속 지하세계에서 숲의 요정 '에우리디케'를 찾았다. 오르페우스는 아내인 에우리디케가 꽃을 따다가 독뱀에 물려 죽어 저승세계로 내려간 후 상실의 아픔에 깊이 파묻혔다. 그에게 시간과 공간은 아내의 죽음과 동시에 정지되었고 다채롭던 색채들도 암울한 무채색으로 보였다.

한 번쯤 상실의 아픔을 겪어본 사람은 그 고통과 슬픔을 짐작할 수 있겠다.

에우리디케 없이 어떻게 사나.

내 사랑 없이 어디로 가야 하나.

아파하던 오르페우스에게 사랑의 신 아모르는 지상세계와 지하세계를 넘나들 수 있는 자격을 부여한다.

눈을 감고 깊이 들어가 본 지하세계는 평안하다. 오르페우스와 에우리디케를 그린 그림 속의 그 세계에는 소용돌이치는 바람도 없고, 쫓기듯 허겁지겁 뛰는 사람도 없다. 배경에는 그림자들처럼 조용히 서있는 사람들의 형상이 어슴푸레하다.

고단한 한낮을 보내고 맞이하는 우리의 밤은 지하세계에 상응한다. 겉옷도 다 벗어놓고 화장기조차 지워버린 밤은 더없이 편하다. 보는 이 없는 시간에 사랑하는 이에게 연서를 쓰기에도 좋고, 등 뒤에서 내게 상처를 준 이 조차도 밤의 평안 속에서는 다 용서할 수 있겠다.

쉬지 않고 도는 지구위에서 우리는 매일 지하세계와 지상세계를 번갈아 오르내린다. 밤의 어둠이 없다면 어느 곳에서 온전한 평안을 느낄 수 있을까. 이루어진 것과 이루어질 것들 사이를 오가며 가치 있는 것을 찾기에도 밤과 어둠은 내게 선물이다. 지렁이 나라를 통해서 생각해본 지하세계는 내 의식의 지평을 넓혀 주었다.

길었던 장마가 서서히 물러가고 있다. 천년쯤 견뎌온 바위들은 속으로 마음결을 촘촘히 채우고, 풀과 나무들은 더 높이 키를 늘린다. 검은 바위 아래에 놓아둔 청돌을 들춰보니 지렁이 한 마리가 슬그머니 숨는다. 만다라의 숲은 어깨를 들썩이며 여전히 물기 가득한 공기를 들이마시고 있다.

푸른 밤하늘 빛만으로도 족한 나만의 지하세계가 다가오고 있다. 그곳에서 고단했던 하루를 쉬고, 동이 터오면 나는 다시 활기찬 지상세계로 올라와야겠다.

기억창고

하늘이 우르릉거리며 어두워지기 시작한다. 연일 기온이 올라가는 가마솥더위가 한 달이 넘게 지속되고 있다. 입추가 지났어도 대지 위에 머문 온도는 내려갈 기미가 없어 밤잠조차도 설치게 한다.

혀를 길게 내밀고 헐떡이는 개집에는 발을 쳐서 그늘도 만들어 주고, 얼린 물병도 넣어 주었다. 텃밭의 오이와 가지로 냉국을 만들고, 풋고추된장무침으로 불기운 덜어낸 밥상을 차려가며 불가마의 등성이를 넘는 중이다.

오늘은 소나기가 내린다는 기상정보가 있다. 반가운 소식이다. 출근할 땐 장독 뚜껑을 닫고 나가야지 하고는 옷 갈아입는 사이에 깜빡 잊고 태연히 나와 버렸다. 소나기가 쏟아지면 낭패다.

요즘 들어 건망증이 부쩍 심해졌다. 사람 이름이 떠오르지 않는 것은 부지기수고, 친구에게 새로운 정보라면서 들뜬 채 한 장단 늘어놓으면, '그 얘기 저번에 했잖아.'라는 말을 듣기 일쑤다. 하긴 아파트 엘리베이터 앞에 서서 현관문이 안 열린다고 고래고래 소리치던 취객도 본 적 있고, 운전을 하고 있으면서도 차 열쇠를 두고 나왔다고 도루 집으로 갔던 적도 있다.

머리가 나쁘면 팔다리가 고생이라는 남편의 놀림도 이제는 대수롭지 않게 들린다. 건망증을 겪는 사람이나 취한 사람에게나 기억의 회로가 정지되는 건 마찬가지인가 보다.

세월이 갈수록 뇌 신경세포인 '시냅스'의 크기가 줄어 기억력은 흐려지는데 정작 기억해야 할 것은 점점 많아진다.

부쩍 뇌기능이 퇴화되고 있다고 느낀 작년부터 궁여지책으로 '기억창고'를 만들었다. 수첩에 '기억창고'라고 간판을 달고 내용물을 가득 채웠다. 숫자로 기억해야 할 것도 많았지만 텔레뱅킹 순서, 고추장 담그기, 인터넷의 아이디와 비밀번호, 복합기 잉크교체방법, 전자제품 모델명, 심지어 반려견의 생일과 강아지가 무지개다리 건너간 날짜까지 순서 없이 생각날 때마다 적어 놓았다. 그러고도 손자의 양력 생일날을 놓쳤다. 서운해 하던 손자에게 '음력인 줄 알았다.'고 둘러대고는 위기를 모면한 적도 있다.

'기억창고'가 있다는 기억조차도 잊었으니 가히 중증이다. 꼭 기억해야 할 일들엔 유효기간이 있는 것 같고, 잊어도 아무 지장 없는 기억이 새록새록 또렷해지는 이유는 무엇일까. 강봉균 교수는 잊어버리는 것이 꼭 나쁜 것만은 아니며, 상대의 허물을 덮는 관용의 미덕으로 작용할 수도 있다고 했다. 나이가 들면 너그러워지는 것도 잊어버리기 때문이 아닐까.

그런데 참 이상하게도 내 기억의 깊은 바닥에는 흑백 영화 같은 두 장면이 선명하게 남아있다.

예닐곱 살 무렵이었을까. 우리 집 뒤쪽의 언덕배기에는 큰 버드나무가 있었다. 아마 그때도 여름이었나보다. 얇고 흰 옷차림의 할머니 한 분이 버드나무를 부둥켜안고 언덕 아래 농업고등학교 저수지를 내려다보며 까무러칠 듯 울던 장면이 또렷하다.

다른 한 장면은 둥둥거리는 북소리를 따라 나가 보니, 흰 옷을 입은 아낙의 등에 북을 매달고 새끼줄로 허리를 묶어 끌고 가는 남자들이 보였다. 아낙의 등 뒤에서 체격 좋은 남자가 서너 발걸음 옮길 때마다 한 번씩 북을 치며, "북 지워라~." 하고 소리치던 광경을 보았다.

거친 남정네의 억양抑陽이 지금도 귀에 쟁쟁하다. 구경꾼들이 많았지만 쓰러질 듯 끌려 다니는 아낙에게 돌을 던지는 사람은 없었다. 영문도 모른 채 아이들 틈에 섞여 나도 따라가며 구경했다.

내 어머니의 삶이 그렇듯 당시의 여인네 하루 일과란 손톱이 닳도록 옹기그릇에 보리쌀 치대어 밥 짓고, 빨래에 풀 먹여 다림질하고, 들나물 뜯어 반찬 만들면 하루해가 다 갔으리라. 여성의 경제력이 없었으니 남존여비가 뿌리 깊어 여성 인권을 대놓고 주장할 시절도 아니었다.

그 아낙은 가문의 남자들한테 북 지움을 당해도 변명할 도리가 없었을 것이다. 기억의 편린들을 맞춰보며 그때의 사정을 짐작하게 된 것은 내가 성인이 된 후였다. 아마도 북을 진 아낙은 간통 죄인으로 낙인 찍혔을 테고, 버드나무를 붙잡고 울던 할머니는 저수지에 몸을 던진 시집보냈던 딸을 애통한 마음으로 불렀으리라.

이 두 장면은 세월이 갈수록 묵직한 충격으로 남아 잊히지 않는다. 그 시절 여인네들의 불공평했던 삶이 안타깝고, 그 어미의 심정은 감히 헤아리기도 어렵다. 지금은 여성인권도 존중 받고, 정서와 삶의 가치기준도 많이 변화된 걸 보면서, 그 기억은 가슴 한편에 아릿하게 남아있다.

기억이라, 사람들은 자신에게 불리하면 기억에 없다고 하고, 주정꾼들은 필름이 끊겨서 모른다고 한다. 속담에 좋은 일은 돌에 새기고, 나쁜 일은 모래에 새기라고 했던가. 기억할 것과 잊어야 할 것을 구별하라는 뜻일 게다. 그러고 보니 '기억'도 잘 관리해야 할 일이다.

다시 기억창고를 정리해야겠다. 내가 상처받았던 일을 뒤돌아보니, 내가 먼저 상대에게 상처를 주었고, 후배에게 밀려났던 때는 내가 그보다 부족했었다. 어두운 굴우물 속에 빠뜨린 두레박 같은 허망한 지난날을, 두고두고 기억하고 있으면 무엇하랴. 기억창고에서 꺼내 강물에 멀리멀리 띄워 보내자. 여름하늘의 흰구름 위에도 한 자락 실려 보내자. 날마다 꽃 이름을 외우듯 친구들 이름도 떠올려 보고, 창고도 수시로 열어보아 기억해야 할 것들은 꼭꼭 눌러두자.

빗방울이 후드득 떨어진다. 부랴부랴 마을 윗집에 전화를 했다. 숨넘어가는 소리로 얼른 장독 뚜껑 좀 닫아 달라고 부탁했다. 황급히 뛰어 내려와 비설거지를 해준 윗집 새댁을 불러 된장찌개와 호박잎찜으로 점심이라도 나눠야겠다.

소나기를 피하려고 신문 한 장을 머리에 이고 거리를 뛰어가는 사람들이 활기차 보인다. 여름은 청년 같아서 좋다.

동맹 맺기

신문에서는 연일 동맹에 균열이 간다고 걱정이 많다. 불안하다. 동맹이란 공동의 목적과 이익을 위해 서로 힘을 모으자고 약속하는 것이다. 어느 한쪽에서 신뢰를 무너뜨리면 균열이 오게 마련이다. 네 탓이라며 비난의 강도를 높이다 보면 깨질 수밖에 없다. 서로 손해가 나는 일이다. 국가 간이나 부부 간, 형제간에도 그렇고 사회 조직의 구성원들 간에도 그렇다. 동맹은 신중히 맺을 일이고 맺었으면 깨지 않아야 할 일이다.

옛일을 더듬어 보니 내가 맺은 생애 최초의 동맹도 얼마 못 가서 깨져버렸다. 내 탓이었다.

아들을 낳고야 말겠다는 어머니는 줄줄이 칠 공주를 두었고, 여덟 번째로 아들을 낳았다. 팔 남매 중 내가 맏이이다. 첫딸은 살림밑천이라는 말처럼 동생들 기저귀 빨아 널고 접는 일, 어머니가 집안일을 하시는 동안 동생들을 업어 주는 일이 맏딸의 임무였다. 등짝은 늘 동생이 싼 오줌으로 축축했고, 아기 업고 고무줄놀이로 펄펄 뛰던 내게 엄마는 내 뒤통수를 후려쳤다. 애기 혀 물린다고.

예닐곱 살 무렵, 대장인 나는 임무도 많았지만 권위도 만만찮았다. 내 제안으로 바로 아래 동생과 나는 처음으로 동맹을 맺었다. '뒷간동맹'이다. 한밤 중에 쉬가 마려우면 윗목에 놓아 둔 요강으로 해결되지만, '큰 볼일'은 마당 건너 뒷간으로 가야 했다. 유독 몸이 약해 배앓이가 잦았던 동생은 밤중에 자주 뒷간을 찾았는데, 아기에게 젖을 물리고 누운 어머니는 언제나 맏이인 내게 동생을 데려가라 하셨다.

그 시절에는 데굴데굴 굴러다니는 달걀귀신도 많고, 보자기 귀신이 흰 보자기를 덮어씌워 잡아 간다고 하니, 해가 지면 아이들은 문밖출입도 못했다. 나도 귀신들이 무서웠지만 동생 앞에서는 안 무서운 체했었다.

우리는 그때 처음으로 동맹을 맺으며 새끼손가락을 걸었다. 동맹이라고 항상 의견이 같고 책임져야 할 크기가 같을 수는 없지만 서로의 필요에 의해 힘을 모아야 할 일이었다.

"언니가 뒷간 갈 때도 네가 문을 지켜야 한다."

우리는 그렇게 뒷간동맹을 맺은 것이다. 동생과의 동맹관계를 지키기 위해 추운 겨울에 뒷간 문 앞에서 발을 동동 구르며 기다려 주는 일은 쉽지 않았다. 나무판자의 울타리에는 얼룩덜룩 무늬가 져 있고, 판자 울타리 사이로 누군가가 들여다보는 것 같기도 했다. 언니로서 태연한 척하며 처음 몇 번은 잘 진행되었지만 매번 문지기를 더 많이 해야 하는 나는 장난기가 발동했다.

볼일을 끝낸 동생이 뒷간 문을 열고 나오자, "달걀귀신이닷!"라고 소리치고 내가 먼저 방으로 뛰어들었다. 비명을 지르며 뒤따라 들어온 동생은 어머니한테 매달려서 울었고, 어머니는 내 등짝을 후려쳤다. 애기 놀랬다고.

얼마 후 나는 동생을 뒷간 문 앞에 세워놓고 힘을 주다가 "애기야! 거기 있니?"하고 불러도 조용하다. 겨울바람이 쌩쌩하니 아마도 못 참고 방안으로 들어갔나 보다. 순간 어둠이 더 짙어진 것 같고 소름이 돋았다. 천장도 올려다보고 뒤도 돌아보다가 아래를 내려다보니 저 밑에서 하얀 보자기귀신이 꿈틀꿈틀 움직이는 것 같았다.

"엄마야!"

소리치며 뒷덜미를 잡아당기는 보자기귀신을 뿌리치고 방으로 뛰어들었다. 그때 동생은 어머니 옆에서 이불을 쓰고 웃고 있었다. 서로 말하지 않았어도 그때부터 우리의 동맹은 깨졌다.

어린 날에 무서웠던 건 밤 귀신만이 아니다. 튀밥이며 찐 고구마를 서로 시샘하며 먹던 우리는 참을 수 없는 '밤똥'도 귀신만큼 무서웠다. 어머니는 "달구새끼나 밤똥을 누지, 사람이 웬 밤똥이냐." 하며 닭장 앞에 가서 빌고 오라고 하셨다. 동생과 나는 닭들이 잠자러 홰에 올라간 사이에 닭장 앞에 나란히 서서 손을 모았다.

"닭님, 닭님! 우리의 밤똥을 다 가져가유." 하며 세 번을 허리 굽혀 공손히 절을 했다. 몇 차례 그렇게 한 효험이 있었는지 언제부터인가 우리의 밤똥이 사라져 버렸다. 이미 깨져버린 뒷간동맹은 생각할 필요도 없었고 한동안은 어떤 동맹도 맺지 않았다.

어머니는 아버지와의 동맹을 잘 지켜 가시는 것 같다. 두 분은 늘 평화로웠다. 아버지가 약주에 홍건히 젖어 자전거를 끌고 들어오시면 어머니는 냉수에 설탕을 두어 숟가락 넣고 식초를 몇 방울 떨어뜨려 저어서 드렸다. 한 대접을 다 드신 아버지는 이내 잠이 드셨다. 동맹을 잘 지켜서 유지되는 평화인가.

설탕 사건도 있었다. 동생과 나는 달콤한 설탕 쟁취를 위해 다시 동맹을 맺었다. 어머니는 설탕 통을 우리 손이 닿지 않는 장롱 위에 올려놓으셨는데 몰래 설탕을 꺼내려고 막대기를 휘둘러봐도 허탕이었다. 나는 동생을 장롱 앞에 엎드려 놓고 등을 밟고 올라가서 설탕 통을 내렸다.

식은 점심밥을 꺼내놓고 나물된장국에 설탕을 듬뿍 타서 설탕 쟁취에 기여한 동생에게 먹으라고 줬다. 한 숟가락을 떠먹은 동생은 얼굴을 찌푸리며 뱉어 버렸다. 참으로 괴상한 맛이었다. 실망한 동생은 허리가 아프다며 밭일하고 들어오신 어머니께 일렀다. 어머니는 이번에도 내 등짝을 후려쳤다. 애기 허리 부러진다고.

이제 우리는 할머니들이 되었다. 손주들의 모습 속에서 어렸던 날을 추억하며 웃어본다. 개구쟁이들이 마냥 귀엽다. 동생들과는 무소식이 희소식이라는 말로 변명하며 서로 별 연락도 없이 지냈다. 눈에서 멀면 마음에서도 멀다고 했던가. 자매지간이라도 멀리 살다 보니 마음도 멀다.

이참에 늦었지만 다시 동생과 동맹을 맺고 싶다. 노후를 함께 잘 보낼 방법을 찾자고. 부모님도 모두 떠나시고 우리 머리 위에 흰서리도 내렸으니 장난기도, 욕심도 이젠 다 부질없다. 소화 잘되는 음식으로 조금씩 나눠먹고, 햇빛 좋은 날이면 산책도 함께하며 꽃도 보고 새소리도 들어보자꾸나.

맏이로서 어머니께 등짝을 맞던 그 시절이 그립다.

무싱아!
신발 훔쳐간데이

삼천포항에 도착했다. 어디까지가 바다이고 어디서부터가 하늘인지 드넓은 물마루에 물빛과 하늘빛이 함께 푸르나. 잔잔한 바다는 부드럽게 심호흡하며 찰랑인다.

이번 여행에서는 오랜 세월에도 바래지 않고 기억의 밑바닥에서 너울거리는, 경상도 사투리가 그리운 이유를 찾아볼 생각이다.

잘 정돈된 해변 공원에는 왁자한 여행객들로 붐빈다. 향토색 짙은 사람들의 말소리에서 숨은 그림 찾듯이 그들이 사는 지역을 가늠해 본다. 경상도 사람, 전라도 사람, 충청도 사람이 말소리에서 구분되어진다.

어머니는 경상도에서 잠시 사셨다. 전쟁 당시 피난처가 그곳이었다. 옛날얘기를 재촉하는 자식들에게 삼십 촉 전등불 아래서 이어지는 피난살이 이야기는 고통과 궁핍의 증언임에도 어린 우리들에게는 재미있었다.

똥 이야기, 방구 이야기는 몇 번을 들어도 우리를 배꼽 빠지게 웃게 한다. 품삯을 받으려고 강가의 땅콩밭에서 일하던 어머니는 허기를 면하려고 연신 날 땅콩을 까먹었다. 배탈이 난 어머니는 온종일 똥 싼 바지를 입고 있었다는 이야기에 철없는 자식들은 손뼉을 치며 좋아했다.

팔다 남은 감자를 매 끼니마다 먹어서 지금도 감자는 쳐다보기 싫다는 이야기조차도, 삶은 감자를 서로 시샘하며 먹던 우리들은 이해 못할 일이었다. 어머니는 늘 가난에서 벗어나지 못한 살림을 꾸리며 "나중에 옛말하며 살자."고 했다.

어머니의 피난살이 이야기 속에서 내 궁금증의 해답을 찾을 수 있을까.

피난지의 문간방에서 살고 있을 때, 내 신발을 훔쳐간다고 하던 분이 누구였을까. 지금도 귓전에 또렷이 들리는 경상도 억양의 그 목소리는 꿈이었나 현실이었나. 그 목소리를 떠올릴 때마다 궁금했다. 어머니는 네가 어떻게 그 일을 기억하느냐며 놀라워 하셨다. 계산을 해보니 아마도 그때 내 나이가 네 살인 것 같다.

충청도가 고향인 부모님은 전쟁이 터지자 몇 개의 살림도구와 첫딸인 나를 아버지의 지게 위에 올려 앉히고 무작정 남으로 내려갔다. 군용 트럭이 지나갈 때마다 먼지를 덮어쓰게 하던 신작로에 끝없이 이어지던 피난행렬들, 해가 뜨면 걷고 해가 지면 남의 집 처마 밑에서 잠을 자고, 보리 찬밥에 된장 몇 숟가락으로 끼니를 때우며 내려와 경상도 어느 마을에 터를 잡았다고 하셨다.

한여름에 떠나와 정착한 때는 늦가을이었다. 전방고지에서는 총과 대포로 치열한 전투가 계속되었고, 졸지에 침략당한 전쟁에서 폐허가 된 서울을 버리고 행정수도를 부산까지 옮긴 처지이니 장난기 많은 아이들에게까지 '부산떤다.' 라는 말은 금기어가 되었다고 했다.

주검을 늘리며 뺏겼다가 빼앗는 전투는 계속되었지만 산 사람은 살아야 하기에 어머니는 들녘의 배추를 얻어 김장을 하며 겨울날 준비를 했다.

해가 바뀌며 1 · 4후퇴로 또다시 밀리면서 고향으로 돌아갈 희망은 더 멀어졌다. 빈곤과 질병은 한통속인가. 자식은 홍역에 걸렸고 지친 어머니조차 병을 얻어 하루 앞을 알 수 없는 처지가 되었다고 했다.

어머니는 열꽃이 온몸을 덮고 눈동자의 실핏줄까지 곪아터진 채로 사경을 헤매고 있는 맏딸을 보며 어떻게 해줘야 할지 막막했었다고 한다. 주변을 둘러봐도 팔아서 돈이 될 만한 것은 그나마 김장 김치밖에 없던 살림이다. 이 처지에 김치가 무슨 소용이랴.

김치 한 자배기를 이고 나가 거리에서 판 돈은 겨우 고무신 한 켤레 값이었단다. 네 살이나 되었어도 일어나 걷지도 못하는 자식에게 죽기 전에 신발이라도 신겨 보려고 그 돈으로 꽃고무신을 사신 것이다. 고왔던 스물네 살 어머니는 그렇게 어린 딸과의 이별을 준비했었다고 한다.

꽃고무신을 가슴에 안고 좋아하던 딸을 보며 어머니는 그나마 위안을 얻으셨을까. 약도 구하기 어렵고 고작 미음 몇 숟가락으로 버틸 수밖에 없었으니 병을 이기고 살아난 아이들보다 무지개다리를 건너간 아이들이 더 많았던 때이다.

주인집 할머니는 문간방으로 수시로 찾아왔다.

"무싱아! 신발 훔쳐간데이~."

까무룩하던 나를 깨우려고 눙치는 할머니 목소리에 감았던 눈을 뜨고 신발을 끌어안는 걸 보려고 할머니는 매번 신발을 훔쳐간다고 으름장을 놓았다.

"우야꼬. 퍼뜩 일라 꽃신 신고 느그 고향에 가야제." 하며 정신 줄을 놓으려는 나를 깨웠다.

이승의 끝자락에 누운 나는 끈질기게 잡아당기던 그 목소리를 붙잡고 온몸의 부스럼 딱지를 떼어내며 고무신을 움켜쥐고 서서히 기력을 찾았다. 살아났다. 할머니의 당부처럼 꼭 신을 신고 걸어보리라는 결기가 어린 내게도 있었던 걸까.

산다는 일은 끊임없이 달려드는 파도와 마주하는 것 같다. 한 고비를 넘기면 또 한 고비가 몰려오던 검은 파도 앞에 서면, 투박한 사투리로 얼러주시던 할머니의 그 목소리가 생각난다. 어머니가 들려주셨던 옛이야기와 내 기억의 한 조각이 드디어 퍼즐을 완성한 느낌이다.

항구의 맛집을 찾아 창가에 앉았다. 자연산 횟집은 마치 시골장날 같다. 관광버스에서 내린 사람들이 넓은 횟집 안으로 무리지어 들어온다. 현관에 "신발 분실은 책임지지 않습니다."라고 쓰인 걸 보고 저마다 검정 비닐봉투에 자기 신발을 담아들고 왁자하니 떠들며 식탁의 빈자리를 찾아 앉는다.

"와이카노."

"만다꼬 이라노."

"그 가시나 땜시 미치삐겠다."

귓등에 와닿는 사투리가 훈훈하다. 격식 없이 편안한 고향집에 돌아온 느낌이다. 얼굴에 화장하지 않아도, 열 발가락 드러낸 맨발이어도 아무렇지도 않을 것 같다. 거침없는 사투리를 듣고 있자니 몸과 마음의 긴장을 다 내려놓아도 좋은 시간이다.

식탁 아래 놓여있는 검은 신발 봉지들을 본다. 내 꽃고무신도 떠올려본다. 그 신을 훔쳐 간다는 경상도 할머니의 목소리가 이제는 기도문처럼 힘든 나를 일으킨다.

밤의 항구는 오색 불빛으로 화려하고 먹물 되어 출렁이는 밤바다조차 아름답다. 집으로 돌아가는 차창 밖을 보며 별이 되어 떠나신 어머니와 경상도 할머니를 떠올리며 기도문을 외워본다.

'무싱아! 신발 훔쳐간데이~.'

물속에 선 나무

달력에서 본 그 버드나무를 보기 위해 집을 나섰다. 수백 년을 물속에 터 잡고 살아온 나무를 만나러 가니 맘이 설렌다. 자정이 넘은 시간에 장비를 챙겨 싣고 잠든 마을을 벗어나 고속도로에 들어섰다. 도로는 한적했고 간간이 대형 화물차들만 서행하고 있었다.

밤낮의 기온차가 큰 늦가을이라야 물안개 낀 저수지의 모습을 볼 수 있다기에 기대하며 떠났지만 고속도로의 짙은 안개는 복병 같았다. 안개등까지 켜고 서행하면서도 마치 만나기로 약속한 정불이라도 있는 듯 마음이 앞서갔다.

가까스로 목적지 입구의 주차장에 도착했다. 주차장 한 옆에서 텐트를 친 채 밤을 보낸 사진작가들이 자리를 걷으며 출사 준비를 하고 있었다. 아마도 먼 지역에서 사진작품 한 장을 얻기 위해 전날 도착한 작가들인가 보다. 숲길로 들어섰다. 칠흑 같은 어둠 속에 양 옆으로 울울하게 선 나무들이 검은 장막을 치고 있는 것 같다. 앞서가는 사람들의 모습은 보이지 않고 인기척만이 이 길 위에 나 혼자가 아님을 알게 했다. 한참을 숨가쁘게 오르니 부옇게 펼쳐진 공간이 보인다. 목적지인 저수지였다.

그곳에는 언제 도착했는지 이미 많은 사진작가들이 빼곡히 삼각대를 세우고 자리를 잡고 있었다. 불빛도 없이 소곤대는 것은 새벽잠을 자는 대자연에 예의를 갖추기 위해서일 것이다. 늦가을이지만 산속의 새벽공기는 한겨울처럼 찼다. 조심스레 빈자리를 파고들었다.

"으데서 왔능교?."

늙수그레한 남자의 물음에 청주에서 왔다고 하자 자기의 삼각대 위치를 좁히며 자리를 내준다. 목례를 하고 장비를 풀어 촬영준비를 했다. 피사체가 눈에 들어오지 않는 어둠 속이라 적당히 카메라의 촬영 값을 설정하고 노출을 보정한 뒤 릴리즈까지 장착하고는 동트기 전의 하늘을 올려다보았다.

별무리가 장관이다. 깊은 산속에서 칠흑의 밤하늘은 처음 만나본 경이로운 장면이다. 낮게 내려앉은 검은 하늘에 흩뿌려 놓은 듯 널려있는 별들이 왕구슬처럼 빛나고 있었다. 친구는 백두산 천지의 장관을 보고 주저앉아 엉엉 울었다는데, 별을 본 내게는 왜 울음덩이가 아프게 올라오나.

별무리 속에 불현듯 세르반테스의 '돈키호테'가 생각난다. 혼동과 불의에 지친 그에게 별은 정의이자 희망이었고 삶의 목표였다. 명마 '로시난테'와 함께한 '돈키호테'의 별을 향한 광기가 공감이 되던 시간이었다.

드디어 물의 표면을 서서히 드러내며 동이 터오고 그 나무들이 눈에 들어왔다. 왕버드나무이다. 여기저기서 찰칵거리는 셔터 소리가 새벽 공기를 갈랐다. 물속에 선 채 드러난 고목은 가지가 뭉텅뭉텅 떨어져 나갔고, 몸통은 썩어 파이기도 했으며, 단풍든 잎조차 거의 떨군 채 처연히 서 있었다. 눈앞에 펼쳐진 그 모습은 실로 장엄하기까지 하다. 수백 년을 힘겹게 살아온 흔적이 역력했다. 스멀스멀 물안개가 피어오르고 가끔 퍼덕이는 물고기가 수면 위에 물주름을 남긴다.

물을 좋아하는 왕버들은 호숫가에서 자란다. 물과 햇빛을 흠뻑 받아 어릴 때부터 다른 나무들보다 빨리 자란 후 수백 년을 살아간다고 하니 그 적응력과 강인함이 대단하다. 다른 나무와 부딪치지 않고 넓은 공간과 빛을 흠뻑 차지한 왕버들이라도 다 만족하지는 않았을 것이다. 비바람도 홀로 맞고, 홍수와 가뭄을 번갈아 겪으며 성장해야 하는 것이 숲속의 나무들과 별반 다르진 않으리라. '사람 숲'도 그렇겠다.

성큼성큼 밝아지는 동쪽 하늘을 보며 부지런히 셔터를 눌렀다.

여러 각도에서 바라본 렌즈 속의 왕버들 모습은 험하고 긴 세월을 의연하게 견딘 흔적이 역력하다. 문득 뿌리를 물속에 담그고 긴 세월을 살아낸 상처투성이의 나무가 마치 몇 년 전에 저세상으로 가신 아버지 같다는 생각도 들었다.

할아버지의 농지는 토지개혁에 따라 소작인들에게 다 내준 때였다. '괴강'에서 시작한 사금채취 사업마저 실패하자 빚 받을 사람들이 몰려와서 할아버지 방앗간의 피댓줄도 도끼로 끊었다고 하셨다. 그 충격으로 할아버지가 돌아가시고 아버지는 소년이었을 때 이미 몰락한 가정의 가장이 되셨다고 했다.

일제 강점기와 해방, 참혹한 전쟁의 굴곡 많은 시대를 사시며 팔남매를 키워 주셨으니 그 삶이 얼마나 힘드셨을까. 얼굴에 핏기 하나 없이 마른 장작 같은 몸으로 구순 가까이 살다 떠나신 아버지의 모습이 이 왕버들 고목 속에 계시는 것 같다.

부옇게 피어오르던 물안개가 서서히 걷히고 왕버들의 모습이 물위에 선명한 데칼코마니를 만들었다. 아침 햇살을 받아 잔가지를 반짝이며 미동도 없이 서 있는 거목들이 지혜로 가득 찬 노인 같다.

밤하늘의 별무리와 물안개 속의 왕버들은 소중한 사진 작품으로 남았고, 그리운 아버지 모습은 가슴속에 남았다.

어느새 아침 해가 중천에 떠올랐다. 하나 둘 사진작가들이 떠난 후 '물속에 선 나무'에 아버지의 모습을 새겨 놓고 차에 올랐다. 밤새 얼었던 몸이 녹기 시작하며 피로가 몰려온다.

갓길에 마련된 '졸음쉼터'에서 잠시 눈을 붙였다가 집으로 가야겠다.

반려동물 이야기

그녀가 '해리'를 맡아 달라고 내게 부탁을 했다. 해리는 훌륭한 족보를 갖고, 쌀 빛깔 같은 털을 가진 아키타견 수컷이다. 해리 엄마는 자기 아들이 특히 해리와 정이 들어서 함께 살 수 있는 여건을 마련해 보려 했지만, 한번 뒤집힌 가계를 일으키기는 쉽지 않다고 했다. 큰 건물조차 빚으로 날려 보내고, 좁은 아파트로 이사하며 가족들까지도 뿔뿔이 흩어져서 생계에 매달리고 있는 중이기 때문이다. 아무리 반려견의 생명이 소중하기로 사람의 목숨만 하겠는가.

수십 년을 업둥이 동물들과 살아온 나는 그 소식을 듣고 해리 엄마와 같은 심정이 되어 애가 탔다. 우리 집에는 이미 성견이 된 풍산개 두 마리가 있으니 녀석들을 한 우리에 넣어 놓으면 피를 볼 일은 뻔하다.

해리는 몸에 칩을 심고, 시청에 등록까지 마친 녀석이지만, 이미 네 살이나 된 성견을 받아줄 사람을 구하기란 쉽지가 않다. 여러 방면으로 새 주인이 될 사람을 수소문해 보았지만 허사다.

이러다 해리가 자칫 유기견이 되어 사람에게 해코지나 하지 않을까, 보신탕집에 팔려가지나 않을까 걱정이 되어, 해리 엄마와 나는 잠을 이룰 수가 없었다. 하루하루 버티며 살아가기에도 버거운 해리 엄마는 '차라리 안락사를 시켜버릴까.'라고도 생각했다니 이런 참담한 일이 있나.

나도 처음부터 동물을 좋아하진 않았다. 딸이 어렸을 때, 옆집 강아지에게 먹을 것을 주며 정붙였었는데 어느 날 울며불며 직장에 있는 내게 전화를 했다. 강아지 주인이 그 녀석을 '육거리'시장에 내다 팔았다는 것이다.

부랴부랴 딸과 함께 시장으로 달려가서 샅샅이 뒤져 강아지를 찾아냈다. 갈색 혼합 견에 외모도 썩 잘생긴 편이 아니다 보니 누가 데려가지도 않았고, 시장 구석의 말뚝에 매달린 채로 앉아 있었다.

녀석은 딸을 보더니 반갑다고 뛰어 올랐다. 우리는 오만 원을 주고 녀석을 데려왔는데, 이웃집 아주머니는 "그럴 줄 알았으면 학생에게 줄걸." 하셨다. 아주머니는 녀석을 이만 원 받고 팔았다고 했다.

아파트에 살던 우리는 개와의 전쟁을 자처한 셈이다. 녀석이 잠시도 떨어지려 하지 않아서 외출할 때는 강아지를 넣는 가방에 녀석을 담아 메고 외출을 했다. 혼자라서 외로워 그러니 '새끼를 낳게 해보자.'라고 가족끼리 상의하여 애견센터에서 교미를 받았다. 초음파로 확인해 보니 녀석은 세 마리의 새끼를 밴 채 건강하게 자라고 있었다.

드디어 출산날이 되었다. 가리개를 친 보금자리 안에서 밤새 진통을 겪으며 녀석은 한두 시간 간격으로 세 마리의 새끼를 낳았다. 소독가위로 태를 자르고 무명실로 묶고 나니 동이 텄다. 발간 생쥐 같은 새끼 세 마리를 종이 상자에 담고 어미와 함께 동물병원으로 가서 어미에게 링거를 놓아주고 집으로 돌아와서는 쇠고기미역국을 끓였다. 그때부터 우리 집은 '개판'이 되었다.

그 후로도 작은딸은 개인지도를 해주던 학생네 집에서 하얀색 푸들을 데려왔다가 시집가면서 내게 맡기고, 결혼하고서도 까만 미니핀을 사서 기르다가 제 아기가 태어나니 또 친정으로 가져와 내게 맡겼다.

수십 년 동안에 내게 왔다가 떠난 업둥이들 이름을 적어본다. 봉이, 깜비, 신비, 다솔이, 라삐, 로삐, 루삐, 토토, 바다, 리노, 말리, 관우, 루키…. 그러고도 지금은 구름이, 강이, 까미와 함께 살고 있다.

고양이, 병아리, 개들과 오랜 시간을 함께 살았다. 녀석들도 지각능력이 있어 가족으로 존중받아야 할 존재로 깊게 인식이 된 터이다. 그 많은 녀석들이 스쳐가는 동안 온갖 희로애락을 다 겪었다. 병사, 사고사, 안락사로 묻어준 녀석들을 생각하며 생명의 유한함을 자연스레 받아들이게 되었다.

그러나 순식간에 철문 밖으로 뛰쳐나간 라브라도 리트리버인 리노와 관우를 찾으려 전단지를 붙이고, 마을 사람들이 다 나서 드론을 띄우며 찾기도 했지만 끝내 잃어버린 녀석들에 대해서는 두고두고 마음이 아프다.

17년을 함께 산 토이푸들 '바다'는 나이가 많다 보니 여러 가지 질병으로 고통에 시달렸다. 밤새도록 신음할 때는 강보에 싸서 품에 안고 어르며 '하늘 문 열고 빨리 데려가 달라.'고 수없이 기도하기도 했다. 더는 가망이 없어 동물병원에 안락사를 의뢰하여, 여리고 사랑스러웠던 '바다'를 가슴에 묻었다.

심장사상충으로 떠난 골든리트리버 '말리'는 황금색 긴 털이 아름답던 녀석인데 어느 날 피 섞인 오줌을 누는 것을 보고 놀라서 병원에 데리고 갔더니, 이미 치료 불가능한 상태였다.

말리는 뒤뜰 머위 잎 그늘에서 가쁜 숨을 내쉬며 마지막 시간에 남편 품에 안겨 눈물을 흘렸다. 개도 제 마지막을 알고 있었나 보다. 말리를 묻고 난 후 남편도 손수건에 얼굴을 묻고 울었다. 수십 년을 동물들과 살았으니 나는 그들만의 언어와 생각을 어림잡아 안다. 그들도 배려받고 존중받아야 할 소중한 생명체이다.

셸리 케이건의 《어떻게 동물을 헤아릴 것인가》라는 책을 읽었다. 철학자로서 동물의 권리와 인간의 가치를 논리적으로 풀어 놓은 책이다. 이해하기도 어렵거니와 썩 흥미롭지도 않았다. 그러나 오랜 시간을 여러 종류의 반려동물과 살면서 그들의 고통도, 슬픔도, 기쁨도 다 체험해 보았으니 인내심을 가지고 읽었다.

책머리에, "인간의 가치는 무엇을 받을 수 있느냐가 아니라, 무엇을 줄 수 있느냐에 달려있다."는 알베르트 아인슈타인의 말이, 이 방대한 논리를 그나마 보다 쉽게 이해할 수 있게 해준다.

사람과 동물은 동등하지 않다. 사람의 삶이 동물의 삶보다 당연히 큰 가치를 가졌지만, 그렇다고 해서 지각능력이 있는 동물을 참혹하고 잔인하게 대하는 사례들은 쉽게 용납할 수는 없다.

어렸을 때 본 광경이 생각난다. 어둑해지는 한여름 하천 돌

밭에서 말뚝에 묶어놓은 개를 여러 사람이 몽둥이로 패는 광경을 보았다. 그때 개의 비명소리와, 눈에서 푸른 불이 뚝뚝 떨어지는 걸 보았던 기억은 잊히지 않는다. 전쟁을 겪고 난 후 보릿고개를 넘어야 하는 궁핍하던 시절에 먹고사는 문제가 절실했었을 거라 생각하지만 왜 그런 방법이었을까.

군중 속에서도 고독한 현대인들이 반려동물과 함께하는 숫자가 늘어난다. 그러다가 함께 살 수 없는 환경이 되면, 냉정하게 버려지는 숫자도 늘어난다.

셸리 케이건은 사람의 삶, 동물의 삶 모두에게 복지가 필요하다고 주장한다. 또한 사람보다 더 높은 도덕적 지위를 갖는 존재는 없다는 전제하에, 동물과 윤리적 공존을 할 방법을 찾는 것이 이 시대의 과제라고 말한다.

모기를 죽이는 행위와 지각능력과 행동능력이 뛰어난 침팬지를 죽이는 것은 같은 종류의 행위가 아니며, 더 복잡한 능력을 갖고 있는 동물일수록 위해에 고통과 두려움을 더 느낀다고 한다. 우리가 반려로 선택한 동물에 대해 배려와 책임감을 가져야 할 이유이다.

사람과 동물의 공존을 위하여 '어떻게 동물을 헤아릴 것인가'에 대한 셸리 케이건은, 숙제를 던져놓은 채 "사회적 공론을 이끌어 낼 수 있는 표면을 긁어 놓기는 했다."라고 스스로 결론을 내린다.

다행이도 해리를 맡겠다는 사람이 연락되었다. 반려동물과 오랜 기간 살아본 사람이니 잘 길러보겠다고 한다. 해리는 켄넬에 넣어져서 트럭에 실려 가면서도 저항 없이 편안해 보였다. 좋은 후손을 많이 두고 사랑받으며 살았으면 좋겠다. 마음이 아릿하면서도 한편 안도감이 들었다.

반려로 선택하여 사람과 교감지수를 높였던 동물에게 무엇을 해 줘야 할지를 더 많이 생각하게 되었다. 그들이 위해 받지 않을 권리, 복지 혜택을 받을 권리, 사람에 대한 동물의 자기 방어권 등이 인정되는 공존의 사회가 언제쯤 이루어질까.

유기견 센터를 찾아 봉사하는 대학생들과, 치유시켜서 재입양시키는 데 노력하는 숨은 자원 봉사자들이 많다는 것에 그나마 희망을 두고 싶다.

온전히 주인을 신뢰하는 구름이와 강이, 까미도 사료보다 더 영양가 높은 사랑을 먹기 원하고 있다는 걸 나는 잘 알고 있다.

제4부

엄마

"나는 엄마도 없고……."

엄마가 엄마를 찾으며 울고 계셨다.

— 〈엄마〉 중에서

안경을 벗어 놓으며

동그란 안경을 쓰셨던 아버지는 시력이 아주 약하셨다. 어릴 때부터 그랬다고 하셨으니 유전이었나 보다.

내 눈도 아버지를 닮았다. 늘 제일 앞자리에 앉아서 눈을 찌푸리며 칠판을 보면서도 으레 그러려니 하며 지냈다. 초등학교 육학년이 되었을 때 담임선생님이 철봉 운동의 시범을 보여주려고 안경을 벗어주며, "들고 있어라." 하셨는데 장난삼아 써본 안경은 놀라웠다. 세상이 달라 보였다. 하늘빛도 곱고, 높이 나는 새들도 보이고, 채 잎이 돋지 않은 운동장 가의 플라타너스 나무에 방울 같은 열매가 올망졸망하니 그렇게 많이 달려 있는 줄 몰랐다.

아버지는 당신 눈을 닮은 맏딸인 나를 늘 안쓰러워하셨다. 중학생이 되었을 때 "이제 안경을 씌워줘도 되겠다." 하시며,

자전거 뒤에 태우고 본정통의 큰 안경점으로 가서 안경을 맞춰 주셨다.

며칠을 기다려 찾은 안경을 쓰고 처음 거리에 나왔을 때는 막 네온사인 불들이 켜지는 저녁이었는데, 그 오색찬란함은 오히려 충격이었다. 그때만 해도 안경 만드는 기술이 지금처럼 발달하지 못했던 때라 렌즈가 두꺼워서 콧잔등을 짓누르는 불편함과, 귀 뒤쪽의 부대낌은 고통이었다. 그래도 사물을 또렷이 볼 수 있다는 건 천만다행이었다.

안경을 쓰고 보니 멀찍이서 걸어오는 친구들을 바로 알아보고 웃음인사를 나눌 수 있어 거만하다는 소리는 안 듣게 되었지만, 그 해방감조차도 큰 대가를 지불해야만 얻을 수 있는 일이었다.

살붙이도 아니면서 살붙이처럼 함께해야 하는 안경과의 동거는 많은 시련을 주기도 했다. 체육시간에 피구 공에 맞아 안경다리가 부러졌을 때는, 양호실에 가서 반창고로 돌돌 감아 응급처치를 하고, 미술시간에 검정색 수채화 물감을 꼼꼼히 칠했다. 키다리 미술선생님이 "저런 쯧쯧. 다리가 부러졌구나." 하시자 반 친구들은 "아프대요." 하며 깔깔댔다.

다수와 다른 소수를 비정상으로 보니 안경잡이인 나는 혹을 하나 달고 다니는 듯 부끄러웠다. '반창고 안경'을 쓰고 불편한 건 참을 수 있지만 창피한 건 참기 힘들었다.

안경 때문에 창피를 당한 건 그뿐만이 아니다. 길 가던 남학생들은, "네눈박이"라고 놀리며 "유리창 달고 다니면 좋으냐?" 하고 비아냥대기 일쑤였다. 남학생들은 그렇다 치고 동네 할아버지들까지 혀를 끌끌 차시며, "색시가 안경을 썼으니 시집가긴 다 틀렸다."고 했다.

그래서였을까. 나는 꿈 많던 대학 시절에 첫사랑 그에게 영문도 모른 채 절교 당한 후 안경을 내박치고 시민회관 극장으로 들어가서 슬픈 영화 때문인 것처럼 늘켰다. 그리고는 빌어먹을 짝사랑으로 풋사과 같은 젊은 날을 다 보내 버렸다.

근근이 결혼은 했지만 시어머니께도 사랑을 받지는 못했다. 안경에 김이 서려 부엌일도 못했고, 직장생활로 아기 기저귀 빨래 한번 제대로 못했으니, 아무리 돈 버는 며느리라도 속 터지셨으리라. 더욱이 한창 미니스커트가 유행했던 시절, 철없이 두어 뼘 되는 치마를 입고 부엌에 나가면 어머니는 "야야! 궁둥이 다 보인다. 얼른 들어가거라." 하셨으니, 늡늡하신 시어머니라도 책상물림인 안경 쓴 며느리가 야지랑스러운 건 당연하다.

분가해서 직장생활할 때도 안경은 나를 힘들게 했다. 아침마다 전쟁을 치르듯 아이들 학교 보내고, 화장할 시간도 없이 도시락만 싸들고 뛰어 나선다.

도롯가에서 한 팔을 펄럭이며 택시를 부르면, 빈 택시가 세워줄 듯 다가 왔다가는 그냥 휙 달아나 버린다. 번번이 허탕 친 뒤에 간신히 잡아 탄 택시 기사에게 '빈 택시인데 왜 그냥 가느냐.'고 물었다. 연세가 드신 기사님이 웃으면서 "아침부터 안경 쓴 여자를 태우면 하루 종일 재수가 없답니다."라고 한다. 아뿔싸, 내가 미처 그걸 몰랐구나. 검은 뿔테안경을 쓰고 뽀글 파마머리를 한 내 모습이 까탈지게 생겼다는 뜻이리라.

그 후부터는 택시를 잡을 때마다 하얀 이를 드러내며 사정하듯 공손이 손짓을 했다. 내릴 때는 상냥하게 인사도 하고 거스름돈도 받지 않았다. 늘 동동거리며 사는 내게 자존심이 무슨 소용이랴.

안경 쓴 내가 인기 좋을 때도 있었다는 것이 그나마 스스로 위안 삼을 일이다.

읍내 여자고등학교에서 합창단과 무용반 학생들로 조출한 공연프로그램을 만들어서 인근 군부대로 위문 공연을 갔었다. 꽃 같은 여고생들의 모습 덕에 공연을 성황리에 마치고 학교로 돌아왔는데 이게 웬일일까. 아이들이 군인들에게 받아온 쪽지가 쏟아져 나왔다. 깡말라 안경만 얼굴 가득한 여선생과 만남의 다리를 놓아 달라며 자기들의 신상명세를 적은 쪽지였다. "진즉에 이런 폭죽 터지는 행운이 왔어야 하는데, 시집을 가 버렸으니 버스는 떠났다고 전해라" 하니, 교실은 웃음바다가 되었다.

과학문명이 발달하는 속도가 번개 치듯 한다. 난시, 근시를 교정하는 일은 어려운 일도 아니다. 이제는 눈 수술을 해서 안경을 쓰지 않고도 세상이 환하다. 한여름 동해바다 해수욕장에 안경을 빠트리고, 더듬거리며 집에 돌아오던 기억도 날려버리고, 마음놓고 수영장이나 수증기 가득한 대중목욕탕에도 안경없이 편하게 들어갈 수 있게 되었다.

로봇이 가정살림도 도와주고, 스스로 운전하지 않아도 목적지까지 데려다 주는 자율주행차도 곧 나온다고 한다. 이처럼 문명의 이기를 맘껏 누릴 수 있는 눈부신 세상이 되었지만, 내게는 무엇보다도 고마운 건 안경의 발달이다. 안경 없이도 아름다운 풍경과 지혜로 가득 찬 책들을 맘껏 볼 수 있는 시력을 갖게 되었으니 창조주로부터 새 선물을 받은 기분이다.

화장대 위에 안경을 벗어 놓는다. 거울을 바라보니 허전한 듯 편안하다. 내일은 산바람을 맞으며 아버지 산소에 다녀와야겠다.

나는 아버지를 닮아서 좋다.

엄마

아랫집 뜰에서 마을 모임을 가졌다. 열한집 안주인들은 집집마다 한 가지씩 별미를 들고 와서 상을 차렸고, 집주인은 삼겹살을 구웠다. 막걸리까지 한 순배 돌았는데 뜰 한쪽 옆에서 놀고 있던 회장님 댁 손녀가 갑자기 비명을 질렀다. 잔디밭에 선 손녀의 발밑으로 벌레가 기어가고 있었다. 얼핏 보아 땅강아지 같았다. 회장님은 손녀가 놀랄세라 달려가서 발로 힘껏 밟아 버렸다. 그러자 손녀는 발을 동동 구르며 더 크게 울음을 터트렸다.

"아가! 할아버지가 못 오게 했으니 걱정마라. 뚝!"

"아니야, 할아버지. 재네 엄마가 집에서 기다리잖아. 으앙~. 어떻게 해."

마을 사람들은 잠시 술잔을 내려놓았다.

손녀는 네 살이었다.

여든을 훌쩍 넘기신 어머니가 요양원에 계신 지 5년이 다 되었을 때였다. 몸의 반쪽은 이미 기능이 상실되어 좁은 침대만이 어머니의 세상이다. 팔남매와 손자 · 손녀들이 돌아가며 문안을 가도 어머니는 늘 가족과 집이 그립다.

"하느님이 왜 나를 안 데려가시나. 이젠 살아 있다는 게 고역이여."

"엄마! 자꾸 기도하세요. 기도 바구니가 아직 안 차서 천사가 하느님께 드리지 못했나 봐요. 하느님의 지혜는 엄마의 세월을 다 살피시고, 때도 다 알고 계세요, 엄마."

자식들은 면회 갈 때마다 초콜릿을 입에 넣어드리거나 요구르트 빨대를 입에 물려드리고 용돈을 드리는 것이 전부다. 어머니는 받은 용돈을 베개 밑에 차곡차곡 모아두었다가 손녀가 오면 내주는 것이 또한 어머니의 낙이었다.

거리마다 은행잎이 곱게 물들던 날, 대전 동생과 내가 면회를 갔다. 어머니는 침대에 기대앉은 채 섧게 울고 계셨다. 깜짝 놀라 어디가 불편하신지 물으니,

"나는 엄마도 없고……."

엄마가 엄마를 찾으며 울고 계셨다.

힘들지 않은 듯 평생을 담대히 살아오신 엄마도, 당신 엄마의 부재가 저리도 외롭고 슬프셨구나. 노란 은행잎이 우수수 내리던 가을날, 엄마는 그리운 당신의 엄마를 찾아 가셨다.

아버지는 세 살 때 어머니를 여의었다. 두 살 위의 누나와 할아버지와 새어머니와 사셨는데 아버지가 열두 살 때쯤에는 아버지의 아버지가 돌아가셨다. 남편을 잃고 전처 자식들과 홀로이신 시아버지를 모셔야 하는 새어머니는 이복동생을 업고 집을 떠나기로 마음먹고 짐을 꾸렸다. 아버지는 누나와 함께 울면서 새어머니를 붙잡았다. 떠나기로 마음을 다잡은 새어머니는 기차 철길을 건너가며 따라오지 말라고 돌을 주워 아버지와 고모에게 던졌다고 했다. 정은 붙이기도 쉽지 않지만 떼기는 더욱 어려운 것 아닌가. 고모는 그때의 막막함과 아픔이 평생 옹이가 되어 풀리지 않았다고 했다. 그 후부터 아버지는 누나와 할아버지와 사셨다.

고모는 딸들만 올망졸망하게 커가는 우리 집에 오시면 "너희들은 고등학교만 졸업하고 공장에 들어가거라."라고 했다.

"딱한 네 아버지 등골 빼 먹을 생각일랑 아예 하지도 말거라."

우리만 보면 주문처럼 '더 공부할 생각 말라.'던 야속한 고모님도 일찍 돌아가셨다.

질척하니 해동하던 봄날 구순이 가까운 아버지는 내게 할아버지 산소에 좀 데려다 달라고 하셨다.

농수산물 시장 앞산에 있는 증조할아버지 산소는 비석 하나 없고 봉분도 야트막했다. 나무 그늘에 덮여 잔디조차 부실했다. 나는 아버지의 등 뒤에서 아버지를 따라 두 번 절했다.

"할아버지! 저도 이제 더는 찾아뵙지 못 할 것 같습니다. 저를 길러주셨듯이 제 자식들도 보살펴 주십시오."

증조할아버지의 씨앗이었던 아버지는 또다시 당신의 씨앗을 할아버지께 의탁하시며 낮달처럼 사위어진 마음도 기대셨다.

그 증조할아버지는 손자가 장가들어 첫아이가 잉태되었을 때, 우리 집안에 장손이 태어난다며 미리 이름을 지어 놓고 기다리셨던 분이다. 무자戊子년에 괴산 칠성七星에서 태어나니 '무성戊星'이라고 하셨다. 행여 손자가 아니어서 실망하셨을까.

다시 두 번 절하고 산을 내려오는데 부축해드린 아버지의 두 다리에는 이미 힘이 남아있지 않았다. 봄이 다 지난 그해 음력 오월에 아버지도 떠나셨다.

아버지의 엄마는 당신의 할아버지였다.

엄마의 꽃밭

요즘은 뜰안 이곳저곳에 벌개미취 꽃이 한창이다. 봄부터 잡초인 양 번성하여 '뽑아 버릴까.' 하고 생각했었는데 이렇게 예쁜 꽃이 필 줄 몰랐다. 국화와 구절초 꽃과 더불어 연보랏빛 벌개미취 꽃도 좋다. 서서히 찬바람이 불기 시작하는 이즈음에 '너를 잊지 않으리.' 라는 꽃말을 지닌 벌개미취 꽃이 풍성하다.

가만히 앉아 들여다보고 있자니 어머니 모습이 떠오른다. 화단의 꽃, 자식 꽃을 정성으로 피워내시던 어머니는 꽃들이 지던 늦가을에 우리 곁을 떠나셨다.

내가 초등학교에도 들어가기 전, 우리 가족은 새로 지은 '재건주택'으로 이사를 했다. 반서양식 주택이었다. 초가집을 뒤로하고 새 집으로 이사하게 되었다고 꿈에 부푼 어머니는 넓은 마당에 세모, 네모, 동그라미의 화단을 만들었다. 아마도 아버지가 학생들에게 가르치던 '실과' 책에 나온 화단을 보신 모양이다.

채송화와 봉숭아, 맨드라미와 분꽃을 심고, 담 앞쪽으로는 달리아와 칸나도 심었다. 꽃이 피기 시작하면 우리 집은 꽃 대궐이 되었다. 아침에 눈을 뜨면 제일 먼저 채송화를 세러 나갔다. 형형색색의 꽃송이가 점점 더 많아지던 황홀함을 지금도 잊을 수가 없다.

어머니는 딸 일곱에 아들 하나인 팔남매를 낳으셨는데, 나를 맏이로 하여 밑으로 여동생 여섯을 낳도록 아들에 대한 집착이 강하셨다. 대를 이을 아들이 있어야 한다며 한 가문의 며느리 된 사명을 다하려 노심초사했다.

어느 날 떡장수 할머니가 함지박을 머리에 이고 떡을 팔러 우리 집에 왔다. 어머니는 잠시 망설이다가 쌀독에서 귀한 쌀 한 됫박을 퍼주고 인절미를 사서 나랑 한자리에서 다 먹어 버렸다. 보리쌀 한 바가지에 쌀 한 줌 넣어 밥해먹던 시절이었다. 아버지께는 비밀이라고 하셔서 나는 끝까지 그 약속을 지켰다. 어른이 되고 나서야 그때 어머니가 입덧 중이었음을 알게 되었다.

어머니가 아기를 낳을 때마다 맏딸인 나는 이웃집에 사시는 할머니와 함께 가마솥에 물을 데우고 미역을 빨아 놓고, 마당

한 편짝에서 왕겨 짚불에 태우는 아기태를 지켜야 했다. 할머니는 태를 곱게 태워야 동생이 무탈하게 자란다고 하셨다. 그렇게 어머니는 20여 년을 자식 낳고 기르기를 반복하셨다.

곤궁한 삶 속에서도 어머니는 꽃을 가꾸고, 꽃 같은 자식을 낳고 또 낳으며 꽃을 보듯 길러주셨다. 형제들마다 성격과 외모도 조금씩 다르고 소질도 제각각 달랐지만 어머니는 '아롱이다롱이들'이라며 자랑스러워하셨는데, 우리끼리는 어머니가 편애한다고 늘 시샘하고 싸우며 컸다.

자식농사는 꽃 농사라고 하시던 어머니는 "내 죽거들랑 사각모 쓴 여덟 개의 자식 사진이나 관 속에 넣어 달라."라며 무학의 한을 달랬다. 가난했지만 어머니의 자식 꽃 농사를 이웃 사람들이 부러워했다.

고집이 대꼬챙이면서도 어머니의 사랑을 듬뿍 받던 둘째는 꽃대를 곧게 세운 파란 난초꽃 같고, 마음이 넉넉하고 부지런한 셋째는 큼직한 해바라기 꽃 같다. 몸이 여리고 화사한 넷째는 두메양귀비처럼 예쁘고, 듬쑥한 다섯째는 고광나무 흰 꽃처럼 늘 당당했다. 첼로를 연주하는 여섯째는 장독대 옆에서 무리지어 피어 올라가던 주홍빛 참나리 꽃을 닮았다.

딸 중에 막내인 일곱째는 생각만 해도 마음이 아릿하다. 여덟째로 사내동생이 태어난 후로는 두 살 터울의 아기였지만 제각각 바빠하는 언니들의 배려도 많이 못 받고, 아들에 지극정성이던 어머니의 관심도 소홀해 뒷전에 있었으니 커가는 동안 많이 외로움을 탔을 것이다. 그럼에도 낙천적이던 일곱째는 마라톤, 수영, 자전거까지 아우른 철인삼종경기에서 철인으로 인정받았다. 맏언니로서 저 살기 바쁘다는 핑계로 무심했던 일이 참 미안하다. 그 일곱째는 뜨거운 여름에 팝콘처럼 터지는 배롱나무 꽃과 같다고나 할까.

나는 담 아래 터 잡은 봉숭아꽃이고 싶다. 세상일이 희망한 대로 다 이루어지는 것도 아니고, 욕심대로 되지도 않는다는 걸 알아버린 지금은, 그저 모서리 닳아버린 돌이 되어 남 눈에 띄지 않게 조용히 살고 싶기 때문이다. 그래도 손톱에 꽃물 들이고 싶은 친구들이 많았으면 좋겠고, 손끝만 닿아도 터져버리는 봉숭아꽃 씨앗처럼 감성이 늘 살아 있었으면 좋겠다.

의지의 김재순 여사님. 우리들의 어머니는 여덟 번째로 꿈에 그리던 아들을 낳으셨는데 노산老産으로 힘든 것도 잊고, 이제 조상님 뵐 면목이 섰다며 기뻐하셨다. 어머니는 궁핍한 생활 속에서도 일곱 딸을 꽃으로, 외동아들을 대를 이을 기둥 삼아 힘든 줄 모르셨다. 재봉틀 앞에 앉아 옷 만드는 일과 밀개떡이든 수제비국이든 자식들이 달게 먹는 것을 즐기셨다.

어머니가 며칠 동안 공들여 만드신 추석빔으로 색동저고리,

다홍치마를 똑같이 입은 둘째와 나는 손수건에 밤, 대추를 싸 들고 신작로를 따라 '연초제조창' 앞까지 걸어갔다가 돌아오기도 했다. 추석빔을 자랑하고 싶어서였겠지.

팔 남매의 우산이셨던 어머니를 땅에 모시던 날, 우리는 지붕이 날아간 듯 허망함을 참으며 마지막 한마디씩 인사를 드렸다. 불효를 참회하던 시간이다. 어머니의 막내딸은 차례가 되자 담담히 고했다.

"엄마가 잊으셨던 막내딸도 여기 있어요."

서운함을 내비치지 않던 막내딸이었다. 철인이 되도록 강인하고 명랑했던 일곱째를, 무심하여 돌아보지 못했던 일이 망치로 맞은 듯 아팠다. 막내에게 말해 주어야겠다. 노산으로 젖이 말라 늘 배고프던 막내를 위해 때 이른 풋밤을 삶아 끓어오르는 밥물에 이겨서 먹이던 어머니의 애타는 사랑이 아니었으면 강인한 그 체력이 어찌 만들어졌겠느냐고.

꽃은 왜 피고 지나. 꽃밭에는 꽃을 심고, 자식을 꽃인 양 길러내신 어머니는 이제 수만 개의 꽃이 되어 떠나셨다.

'너를 잊지 않으리.' 라며 잔잔히 웃고 있는 벌개미취 꽃 무더기 위로 해를 등지고 고구마 이삭 주워 이고 오시던 어머니가 보이는 듯하다.

"어머니, 꽃이 되어 다시 오소서."

장항아리

장 담그기 좋은 말馬날이다. 산골에서 살며 장 담그기 시작한 지도 여러 해가 되었다. 물과 공기도 좋고, 남향바래기 앞마당에 온종일 햇볕도 좋아서 해마다 거르지 않고 장을 담갔다. 손대중, 눈대중만으로도 장맛이 좋은 것은 자연 환경 덕분이다.

장독대에 놓인 크고 작은 독들은 매일 닦아도 송홧가루를 뒤집어쓰고 있다. 고추장이 담긴 우량아 같은 작달막한 항아리와, 배 둘레가 퉁퉁하고 동굴같이 속 깊은 큰 항아리들이 기념사진을 찍으려는 듯이 옹기종기 모여 있다. 소금이 담긴 중간 크기의 항아리들은 벙긋하게 불러온 배가 나잇살 오른 나를 닮은 듯도 하다. 제각각 안에 담긴 것을 품어 익히는 항아리들이 단전에 힘을 모은 듯 다부지게 둘러앉은 모습이 보기만 해도 뿌듯하다.

서 말들이 항아리에 한지를 구겨서 넣고 불을 붙였다. 푸승푸승하게 올라오는 연기가 독 안에서 휘돈다. 소쿠리에 면 보자기를 깔고 물 가늠을 해가며 어제 저녁에 받아놓은 소금물에 계란을 띄웠다. 계란이 오백원짜리 동전만큼 머리를 드러낸 걸 보니 소금물의 농도는 얼추 맞은 것 같다.

항아리에 씻어 말린 메주를 켜켜이 담고 소금물을 주둥이까지 찰랑찰랑하게 부었다. 그리고는 대추 몇 개와 마른고추, 숯을 띄웠다. 이제 햇빛이 맛을 들일 때까지 기다리면 된다. 고여 있어도 썩지 않고 좌선하듯 앉은 항아리 속에서 두어 달 남짓 발효되어 대춧빛 간장색이 보이면 장 가르기를 하면 될 터이다.

옛 어른들은 장맛으로 길흉화복을 점치기도 했다. 장맛이 좋은 집은 홍할 징조이고, 장이 부글부글 끓어오르면 불길한 징조라고 했다. 장 담그기는 그래서 정성을 들여야 하는 연중행사였고 맛이 잘든 간장, 고추장, 된장은 넉넉한 집안 살림의 상징이었다.

내가 어렸을 때, 가난했던 어머니는 큰 항아리에 그득하게 장을 담가 보는 것이 소원이셨다. 박봉의 아버지는 메주콩 살 돈도 넉넉지 않았지만 방 윗목에서 메주 띄우는 냄새도 싫어하셔서 집에서는 메주도 만들 수 없었다. 어쩔 수 없이 어머니는 외할머니 댁에서 메주를 얻어다가 소원대로 장을 담갔는데, 장이 다 익었을 때쯤 한순간에 장항아리가 박살나는 참담한 일을 겪으셨다. 아버지 때문이었다.

시골 학교에 근무하던 젊은 아버지가 바람이 났다고 동네에 수런수런 소문이 퍼졌다. 사연인즉슨 읍내 주점의 여주인이 술 취한 아버지와 함께 자전거를 끌고 동네 어귀까지 들어오는 걸 봤다는 것이다.

아버지는 애주가셨다. 제사를 지내고 나면 층층 나이의 어린 딸들에게도 술을 한 잔씩 따라주시며 "좋은 음식이니 먹어라." 하셨고, 술 한 말을 지고는 못 가도 마시고는 간다고 장담을 하기도 하셨다.

기분 좋게 취한 이슥한 저녁이면 자전거를 끌고 판자 울타리가 나란한 동네에 들어오며, "봄의 교향악이 울려 퍼지는 청라언덕 위에 백합 필적에…." 라는 노래를 목청껏 부르며 귀가하시기도 했다. 아버지의 테너 목소리는 자랑할 만했다.

장이 익어가던 사월 어느 날, 귀가가 늦어지는 아버지를 찾아 어머니는 읍내 주점 근처에 가서 기다렸다. 비틀거리는 아버지의 자전거를 붙잡아 줄 생각에서였다.

주점 안에서, "이제 그만 가세!" 하는 소리와 함께 아버지의 친구들은 다 나오는데 웬일인지 아버지는 안 나오신다. 문틈으로 살짝 들여다보니 아버지는 술값을 계산하고 계셨고, 여주인은 한잔 더 하고 가라며 매달리고 있었다. 어머니는 그만 가슴이 덜컹 내려앉았다. 소문이 사실인가. 놀라 발을 헛디뎌 문 앞에서 넘어지는 바람에 아버지께 들키고 말았다.

어머니가 도망치듯 지름길을 찾아 밭둑을 달려 집으로 와서 숨을 고르고 있을 때, 마당가에 자전거를 세운 아버지는 사립문 옆에 세워둔 삽을 들었다. 장독대로 성큼성큼 다가가더니 삽을 번쩍 들어 올려 장항아리 옆구리를 냅다 후려쳤다.

와장창! 하는 소리와 함께 장물이 좌르르 쏟아지고, 다 익은 구수한 간장 냄새가 온 집안에 퍼졌다. 어머니는 박살난 장항아리 심정이 되어 가슴을 움켜쥐고 그 자리에 풀썩 주저앉고 말았다. 어떻게 담근 장인데. 기가 막혀서 며칠 동안 장항아리를 치우지도 못한 채 그대로 두었고, 아버지는 들고 날 때마다 겸연쩍은 듯 장항아리를 외면하셨다.

그 후로 어머니는 장을 담글 때마다 같은 이야기를 반복하셨다. 두고두고 아깝고 분한 일이라며 헐렁해진 못을 다시 박듯 꼭꼭 그 사연을 박았다.

두 분이 노년이 되었을 때 다툴 일이 생기면 어머니는 장항아리 얘기를 꺼내며 기선을 제압하시는 모습에 우리들은 숨어서 웃었다. 나이 들어 생각해 보니 박살난 장항아리를 마주했던 어머니의 억장이 무너지는 심정도 이해가 되고, 젊은 아버지가 자존심이 상해서 어머니가 최고로 애지중지하는 장항아리를 박살내는 것으로 화풀이를 한 상황도 이해가 된다.

술과 노래를 좋아하시던 아버지가 떠나신 후, 우리 형제들은 아버지 산소 앞에 모이면 술 한 잔을 올리고 아버지의 애창곡인 "봄의 교향악이 울려퍼지는…." 노래를 불러드리며 낭만적이었던 아버지를 추억한다.

따사로운 햇살 아래 장항아리들이 넉넉한 제 품을 자랑이라도 하려는 양 탱탱하게 부풀리고 있다. 새로 담근 장항아리를 행주로 정성껏 닦은 후 면 보자기를 씌우고 고무줄로 동여매니 장 담그는 일은 끝났다.

두어 달쯤 후 장 가르기까지 마치고 여름내 익히면 미역국에 제맛을 내주는 국간장과 노랗게 곰삭은 된장이 될 터이다. 햇빛과 함께 그윽한 시간을 기다려 짠물도 품어 안아 달게 익히는 장항아리가 소중하다. 오래 묵을수록 깊어지는 장의 향내처럼 세월이 갈수록 부모님의 사랑이 더욱 그립다.

겨울 숲

한동안 은둔했다. 고상한 탈속이나 고고한 정신세계를 찾기 위한 것이 아니다. 몸은 은둔을 원하고, 마음은 탈출구를 찾고 있었는지도 모른다. 친구와의 단절로 마음이 몹시 상했었다. 사람 사이의 관계는 맺기도 하고, 끊기도 하는 일이지만, 끊는 일은 오래도록 고민하게 한다.

분지 같은 숲속마을을 벗어나 겨울 숲으로 향했다. 아직 부패하지 않은 낙엽 위로 남아있는 잔설 때문에 산을 오르기가 쉽지 않다. 홈질하듯 한발씩 내디디면서 숲을 둘러본다.

오전 햇살이 바닥에 마른나무 그림자를 내려놓았다. 헐벗은 나뭇가지들이 그물망처럼 얽혀 있는 모습은 겨울에만 볼 수 있는 숲의 또 다른 풍경이다.

길어지는 전염병으로 사람들은 지쳐가고 예민해지고 있다.

지인들과 모여앉아 함께 밥을 먹어본 지도 오래되었고, 소통이 안 되다 보니 사소한 일에도 오해가 쌓이고 부딪친다. 강요하듯 올라오는 카톡의 글과 그림도 식상하다. '나가기'를 눌러 버렸다.

선거철이라서 요즘은 더욱 소란하다. 정보의 홍수, 넘쳐나는 거짓 뉴스들이 우리의 통찰력을 마비시키고 균형을 잃게 한다. 내 맘에 상처로 남은 친구와의 언쟁도 사소한 것이었는데 소통 부재로 크게 사달이 났다.

늘 명랑하던 친구는 저쪽 편의 말만 들떼놓고, "귀가 시끄러워 못 견디겠다."라며 마치 내가 잘못했다는 듯이 탓을 했다. 단체 활동의 모든 일들은 비판하기 전에 소통이 먼저 아닌가. 그 친구는 이미 마음이 고정되어 있어서 이해시키기가 어려웠다. 자존심도 상했고 속상했다.

내 안의 서운함을 애써 누르다가 다음날 그에게 단호하게 절교 문자를 보냈다. "서글픈 마음으로 버리겠습니다." 라고.

참으로 그렇게 매듭지어질 일은 아니었는데 서로의 말言이 가시가 되어 박혔다. 며칠 동안 속앓이를 하다가 절교를 취소하려고 친구에게 손을 내밀어 보았지만, 그는 이미 내 전화조차도 받지 않았다. 말로써 흩 뿌려놓은 관계들이, 복잡하게 뒤엉켜 야릇하게 확산되는 것에 더이상 매몰되고 싶지 않다.

'장 루슬로'는 "다친 달팽이를 보거든 도우려 하지 마라. 그 스스로 궁지에서 벗어날 것이다."라고 읊었다. 나는 다친 달팽이가 되어, '내 얘기 좀 들어 주세요. 나는 마음이 아파요.'라고 외치고 싶었나 보다.

침묵에 대해서 생각한다. 발걸음을 내디딜 때마다 두텁게 깔린 마른 잎의 바스락대는 소리뿐, 귀 끝을 스치는 싸늘한 공기까지도 침묵하는 듯하다.

움푹한 곳에 모여 있는 도토리의 모자들, 반으로 쪼개진 아까시 씨앗 주머니들, 가끔은 멧돼지가 파 놓은 흔적과 등산로에 줄지어 늘어놓은 녀석들의 검은 배설물이 이 숲의 주인들이다. 개성이 강한 사람들처럼 형태가 모두 다른 나목들을 자세히 들여다본다. 오래된 참나무들은 울퉁불퉁한 껍데기만으로 몸을 감싸고 있다. 눈에 보이지 않는 침묵의 공기가 이런 것인가.

깨질 듯 시린 겨울 하늘을 이고 너볏하게 서 있는 겨울나무들이 경건해 보이기까지 한다. 지난가을에 이 참나무 숲에서 도토리를 찾아 바닥만 보며 다닐 때는 나무들이 경건해 보인다는 생각은 안 들었었다.

미동도 없이 훤칠한 키로 서서 북풍을 견디는 나무를 보니 겨울 숲에서 해답을 찾을 수도 있겠다. 진부한 말로 시시콜콜

따지지 말고, 내가 그를 이해하면, 그도 나를 이해하겠지. 생명을 지닌 나무들이 그들만의 언어로 서로 도우며 성장해 가는 모습이, 하찮은 일에도 아우성치며 사는 우리보다 얼마나 늡늡한가.

몇 해 전 영성 훈련을 위해 연수원에 들어갔을 때였다. 접수 후 다음 날 수업이 시작될 때까지 일체의 말을 할 수 없는 규칙이 있었다. 말을 닫으니 행동도 조심스러워지고 멀리 들리는 창밖의 소리에도 귀를 기울이게 된다.

평소에는 방지 턱을 넘는 차바퀴 소리, 오토바이 소리, 강아지 소리, 다급한 앰뷸런스 소리가 온통 소음이 되어 귀에 거슬렸는데, 내가 침묵하니 그제서야 세상 소리가 진솔한 삶의 소리로 들렸다.

겨울 숲의 나무 그루터기에 앉아 숲 멍에 빠져본다. 숲의 침묵은 마치 종교 의식 같다. 스님들의 묵언수행이나, 봉쇄 수도원의 수도자들은 스스로 결핍과 고통을 감내하며 영혼을 맑히는 숭고함을 침묵을 통해서 이루지 않는가.

며칠 전에는 소설가인 '희' 선생에게, "나는 요즘 은둔하고 싶어져."라고 말했다. 자괴지심인지, 현실도피인지 누에처럼 고치에 들어앉고 싶다고 하소연했다. 그녀는 자기도 때로 그러고 싶다며 나를 이해한다고도 했다. 은둔하고 싶다고 말한 나는,

'은둔에서 나 좀 꺼내줘.'라고 말하고 싶었는지도 모르겠다.

우리는 모두 사람과의 관계에서 지쳐있는 걸까. 부지불식간에 절제되지 않은 언어로 상대에게 상처를 주었고, 또 자신에게 흉터를 만들었던 일이 나를 자꾸만 움츠려들게 한다.

숲은 바람에게 말을 걸고, 하늘만 바라본다. 숲은 고독하고, 고요하고, 차분하다. 오래된 참나무의 침묵이 내게 말을 건다. 세상이 시끄럽든, 분노케 하든, 외롭게 하든, 그냥 침묵하라고.

마른 나뭇가지들의 형상에서 나의 내면으로 스며드는 알 수 없는 기운이 엉킨 실타래를 스르르 풀어 놓는다. 이 경건한 침묵 속에서 미세한 움직임도 느끼고, 조용히 올라오는 골바람에 내 침묵도 얹어 심란했던 마음을 내려놓아야겠다. 앙금이 가라앉으려면 시간이 필요하겠다. 다친 달팽이이지만 스스로 궁지에서 벗어나 보자.

머지않아 봄이다. 창문에 붙였던 바람막이도 떼어내고, 봄 햇살에 상추 모종도 심을 때가 되면 나의 의기소침했던 은둔병도 사라지겠지.

아무 소리도 들리지 않는 싸늘한 겨울 숲에서 비로소 들려오는 마음의 소리에 귀를 기울인다.

까마귀 나는 밀밭

고흐의 그림책을 다시 펼쳤다. 나는 고흐의 작품이 실린 아끼던 책을 오랫동안 깊이 넣어놓고 꺼내지 않았었다. 예술가나 예술작품을 대할 때면 그의 생애와 작품세계를 들여다보게 되는데, 고단한 삶을 살았던 예술가가 많다. 내가 좋아하는 마리아 칼라스가 그렇고, 베토벤이 그렇고, 슈베르트와 고흐가 그렇다. 그들의 천재적 감성 표현은, 역경逆境을 딛고 이루어낸 아름다운 작품이라서 우리에게 더 큰 공감과 위로를 주나 보다.

이루고 싶은 일이 많았던 나는, 미치도록 열정이 많은 고흐를 숭배했으면서도, 한편으로는 그의 불같은 열정이 오히려 불안했고, 가난한 그의 삶이 안타까웠다. 그의 그림은 아름답기도 하고, 영혼을 파고드는 아픔이 짙게 느껴지기도 한다.

고흐는 짧은 생애 동안 수백 점의 작품을 남겼어도 생전에 작품을 인정받지 못했다. 그도 그럴 것이 인상파인 마네, 모네, 드가, 르느와르 등의 작품은, 대상을 눈에 보이는 대로 표현하여 그림이 밝고 명쾌한 반면, 후기인상파에 속하는 고흐의 작품은 초기 인상파와는 양상이 달랐다.

고흐가 속한 후기 인상파 그림은, 태양빛에 따라 달라지는 인상파의 색채기법을 계승하면서도, 주관적인 감정 표현에 우선하여 사실적 표현의 그림과는 달랐다. 미묘한 인간 심리까지도 파고드는 우수와 고독감을 느끼게도 한다. 이렇듯 낯선 그림에 당시 사람들은 인색했지만, 바로 후기인상파의 그런 작품 표현이 내가 빈센트 반 고흐의 그림을 좋아한 이유이기도 하다.

고흐는 하루에 한 작품을 그려 낼 정도로 열정을 쏟아서 작품을 창작했지만, 살아생전에 이를 「몽마르쥬의 붉은 포도밭」이라는 한 작품밖에 팔리지 않았다고 한다.

늘 가난했던 고흐는 작품 활동을 하는 내내 동생 테오에게 경제적 지원을 받았다. 역사 속에서 가장 우애가 돈독했던 형제를 꼽으라면 나는 주저 없이 고흐네 형제를 꼽겠다.

동생 테오는 고향 네덜란드를 떠나 아름다운 예술의 도시 남프랑스에서 작품에만 몰두하는 형에게 무한 신뢰를 보내는 대화 상대자이며 경제적 후원자였다. 남겨진 형제간의 편지는 애틋하다.

서른일곱 살로 생을 마친 고흐의 말년을 보낸 '오베르쉬르우아즈 시절'에는 거대한 들판에 빠져들어 유독 밀밭 풍경을 많이 그렸다. 정신병 전문의사이면서 화가로도 활동했던 「가셰 박사」는 넓고 평화로운 느낌의 자연 풍경이 정신병을 앓던 고흐에게는 많은 도움이 될 거라고 조언했었다.

프랑스 여행을 할 때, 가장 보고 싶었던 곳이 「까마귀 나는 밀밭」이 탄생된 고흐의 마을이었다. 태양빛이 뜨거운 유월에 마을 뒤 등성이를 올라 그곳에 갔을 때는 마침 밀이 누렇게 익어있었는데 그림에서처럼 까마귀는 없었다. 얼핏 보잘것없는 우리네 마을의 밀밭과 다르지 않았다.

밀밭 앞에는 「까마귀 나는 밀밭」의 작품이 판넬로 세워져 있었다. 안내인은 가로로 넓게 펼쳐진 밀밭 등성이에 대해 열심히 설명했지만, 함께 간 일행들은 밋밋한 밀밭에 크게 관심을 보이지 않고 일찌감치 내려갔다.

고흐가 바라보았을 위치에서 밀밭을 한참 바라보았다.

생레미 정신병원을 드나들며 우울한 나날을 보내던 고흐는 동생 '테오'에게 보낸 당시의 편지에, "나는 스스로에 불타, 그림 그리는 기계가 된 것 같다."라고 열정을 토로하기도 했다. 평안한 오베르 마을에서 생기를 되찾았다는 소식일까. 햇빛이 내리쬐는 밀밭에서, 끓어오르는 감정을, 율동적인 곡선으로 촘촘히 채워 나갔을 고흐의 모습이 연상된다.

고흐 그림의 특징은, 곡선으로 파랑과 노랑의 조화를 속도감 있게 표현한 것이다. 노랑색 장막이 치렁치렁한 「밤의 카페」도 노랑, 파랑, 검정색이 주를 이뤘고, 「까마귀 나는 밀밭」도 비슷한 색조로 표현했다. 지평선이 높아 밭이 그림 전체를 차지했으나, 자칫 가볍게 들뜰 수 있는 노랑을 강렬한 파랑이 눌러주었고, 곡선의 붓터치로 밀밭 위를 휘감는 바람까지도 표현했다.

청색에 검정색을 혼합한 검푸른 하늘, 검정색 까마귀, 아래로는 황금색 밀밭과 세 갈래의 황톳빛 길을 그린 이 작품은, 고흐의 불안상태가 극에 달했음을 표현했고, 이는 고흐의 비극적 삶과 죽음을 암시하는 아주 슬픈 그림이라고 전해지고 있다. 웅장하고, 어둡고, 묵직하게 다가오는 하늘에, 거친 붓질로 툭툭 치듯 그려낸 까마귀가 고독하고 답답한 고흐 자신이었을까.

나는 그 그림이 고흐의 죽음을 예고했다고 보고 싶지는 않다. 넓게 펼쳐진 공간을 마주하며 자연과 교감하고, 빠른 붓놀림으로 소용돌이치는 바람도 표현하고, 까악깍 힘차게 울어대는 까마귀의 날갯짓에서, 오히려 삶의 출구를 절실히 찾으려 했을 것 같다는 생각이다.

우리에게는 까치가 길조이지만 유럽에서는 까마귀가 길조라고 한다. 왕실의 상징으로도 쓰이는 까마귀가 힘차게 나는 모습, 누렇게 익어 추수를 기다리는 황금 들녘은 평화와 풍요와 희망의 표현일 수도 있지 않았을까.

그 그림에서 내가 느끼는 것은, 고흐 자신은 투우와 맞선 투우사의 각오로 삶의 의지를 다져 나갔으리라고 생각된다. 나는 이 그림을 볼 때마다 고흐를 응원했었다.

그러나 열정과 즉흥으로 예술혼을 불태우던 고흐는, 그 그림을 완성한 며칠 후 스스로 죽음을 선택했다고 전해진다. 하지만 그가 떠난 지 100여 년이 훨씬 넘은 지금도 그의 죽음에 대해서는 아직도 명쾌하게 풀리지 않는 의문이 남아 있다.

내가 한동안 고흐의 그림을 보지 않은 이유는, 젊은 날 접했던 '고흐의 생'이 내게 아프게 남아 있어서였을까. 한아름의 붓도 버리고, 이젤과 화구박스까지 치워 버린 지가 수십 년이 지나고 보니, 이제는 창작자가 아니라 감상자로 고흐의 그림을 감상할 수 있게 되었다.

고흐의 수많은 그림 중에는 밀밭을 소재로 한 작품이 많다. 「천둥 번개를 동반한 구름 아래 밀밭」, 「옥수수 꽃이 핀 밀밭」, 「편백나무가 있는 밀밭」, 「사이프러스 나무가 보이는 밀밭」,

「주택이 있는 오베르 지역의 밀밭」, 「새가 있는 밀밭」, 「구름 낀 하늘 아래 오베르의 밀밭」, 「산을 배경으로 한 밀밭」 등 고흐는 계절에 따라 변해가는 연둣빛 밀밭과, 짙은 초록의 밀밭과, 황금색의 밀밭에 이르기까지 장소를 달리한 밀밭을 그리는 동안 자연 속에서 극도의 불안감과 외로움을 치유하려고 했었을 것 같다.

고흐가 바라보았을 그 밀밭을, 그의 사후 백여 년이 넘도록 밀밭 그대로 이어져 오게 한 프랑스 사람들의 예술작품과 예술인에 대한 존경과 자부심은 대단하다.

잠시 고흐가 되어 밀밭을 보다가 언덕에서 내려오는 길에 고흐의 무덤에 들렀다. 동생 테오와 나란히 묻힌 무덤을 담쟁이덩굴이 큰 이불이 되어 둘을 함께 덮고 있었다. 그의 영혼이 평안하길 빈다.

일행에서 뒤처지는 바람에 고흐가 말년에 두어 달 동안 거처했던 '라부여인숙'은 들어가 보지 못했다. 아쉬웠다.

마을 광장에는 화구를 어깨에 멘, 큰 키의 고흐 동상이 오고 가는 관광객들을 무심히 바라보고 서있었다.

정신질환과 가난에 시달리면서도 자연의 아름다움을 사랑했던 화가, 지나치도록 감성이 풍부했던 이 화가의 흔적과 형제애를 보며 감동과 위로를 받았다.

나 멀리 떠날 때

멀리 떠날 때가 가까워 오려는가. 이른 봄날 언 땅을 밀고 올라오던 새싹이 그렇게 예쁘더니, 뜨거운 여름 검푸른 숲에 천둥치며 내리던 소나기 소리가 또 그렇게 시원하더니, 이제는 가을이 깊어져 오색 단풍잎이 떨어져 내려 마냥 아쉽다. 젊었을 때는 욕심도 많았고 미운 사람도 많았는데 이제는 사람들도, 계절도 다 아름다워 보이니 철들자 떠날 때가 되었나 보다.

딸아!

지난주에는 제주 비자림숲에서 800년이 된 비자나무를 보고 왔다. 사방으로 가지를 뻗어 하늘을 가릴 듯 올라가는 그 위용에 감탄사가 절로 나온다. 사람이 100년을 산다 해도 그 나무에 비해 얼마나 약소한 시간을 부여받았으며, 한평생 이루었다는 일이 또한 얼마나 보잘것없는지, '천년 수' 아래서 절로 머리가 숙여진다. 인생이 초로와 같다는 옛 어른들의 말씀이 이제야 실감이 난다.

우리 가족 모두가 지난 세월을 숨가쁘게 달려왔구나. 그래도 지금 와서 돌아보니 낭비한 시간이 많았다. 사소한 일에도 불같이 화를 냈고, 속이려는 사람에게 속임 당하지 않으려고 넘겨짚고 싸우던 일이 지금 생각하니 속 좁은 처사였다.

엄마의 꿈은 미술대학의 교수가 되고 싶었지. 그림 그리는 일도 좋아하고, 젊은이들과 함께 배우며 가르치는 일도 신나 했었으니까. 그런데 너를 낳고는 꿈이 바뀌더구나. 비둘기 같이 예쁜 딸에게 문화적, 경제적으로 기품 있고 윤택한 생활을 하게 해줄 좋은 엄마가 되고 싶었다.

너도 기억하잖니. 너의 첫 생리가 시작되었을 때 엄마 아빠는 케이크과 꽃다발을 사서 숙녀가 된 너를 축하해 주던 일을. 포크와 나이프 잡는 법을 가르치고 바나나를 먹을 땐 꼭 손으로 떼어서 먹으라고 했었지. 교복 외에 양장점에 가서 청록빛 공단 리본 달린 투피스를 맞춰 주고, 예쁜 구두도 사서 신겨주고, 친구의 생일 파티에 옷차림도 잘 갖추라고 했잖니. 예절 바르고 품격 있는 딸로 성장해야 하니까.

그러나 엄마는 네게 냉정했구나. 권력이나 재력이 없는 우리 집안에서 험한 세상을 헤쳐 나가려면 오로지 실력뿐이라며 매몰차게 다그치기도 했지. 네가 유치원 다닐 때는 '오이'를 사오라고 심부름 보냈더니 '오뎅'을 사와서 엄마한테 꿀밤 먹은 기억은 잊어버려다오. 아마도 네가 상점 아주머니 앞에서 작은 소리로 '오'자만 말했나 보다.

엄마는 너를 매사에 당당하고 야무지라고 주문했고, 학교 성적이 떨어지면 밥도 안 주었으니 네가 의붓엄마라며 서러워했던 건 당연하다. 미안하다. 경쟁이 심한 세상에서 딸이 강하게 살기를 바랐을 뿐, 속으론 언제나 네가 자랑스러웠다. 무거운 화구 박스를 들고 입시 뒷바라지하면서도 신났고, 실기 시험장에서 제일 먼저 작품을 제출하고 뛰어 나오던 너를 보며 기다리던 학부형들이 모두 박수를 쳐 주던 걸 너도 기억하겠지.

너의 대학 입학식장에서 총장님 "우리 학교는 현모양처를 기르는 곳이 아닌, 이 사회의 리더를 기르는 곳"이라는 말에 얼마나 신뢰가 갔었는지 너도 알았겠지.

딸 부잣집 맏딸인 엄마가 또 딸을 두었으니 아들이라야 주목받는 이 사회에서 총장님의 철학은 내 맘에 쏙 들었었다. 이제 너도 훌륭한 전문가가 되었으니 고맙고 자랑스럽다. 그동안 인자한 엄마가 되지는 못했지만 네가 훌륭하게 자라 엄마의 꿈을 이루어 주었으니 내 인생의 절반은 성공한 셈이구나.

자랑스러운 딸아!

이 세상 떠날 때에 하고 싶은 말을 적어 보려니 공연히 숙연해진다. 생명 가진 모든 것은 언젠가는 떠나고야 만다는 건 누구나 알고 있지. 지구상에서 긴 이별을 하는 것이 아쉬울 뿐 절망까지 느낄 이유는 없다. 엄마가 먼저 떠나도 지구는 아무 일도 없다는 듯이 돌 것이고, 여전히 나뭇잎은 바람에 흔들리며, 파도는 끝없이 출렁이고 세상은 점점 더 아름답게 변할 것이다. 그 세상을 네가 넉넉히 누리면 족하겠다.

몇 가지 부탁하마. 엄마가 떠날 때가 되어 기력이 쇠해지거든 조촐한 이별 잔치를 열어 주렴. 떠난 다음에 장례식 같은 건 하지 말고 가족들만 배웅해다오. 미리 치른 이별잔치는 엄마의 기억이 흐려지기 전에 사랑했던 지인들과 친척들을 만나 인사를 할 수 있는 기회가 필요하기 때문이다. 침상에서나마 용서를 구할 사람들에게 용서를 구하고, 고마웠던 사람에게 인사도 드리고, 자식을 위해 앞일을 부탁할 사람들도 만나고 싶다.

그리고 사람의 가장 마지막 감각은 청각이라 하니, 엄마 혀가 굳고 눈이 감기었어도 네가 해주는 듣기 좋은 말과 노래도 들려주렴. 우리가 함께 부르던 "엄마가 섬 그늘에 굴 따러 가면~"이라던가 「클레멘타인」도 좋지. 참, 레퀴엠 대신 베토벤의

「운명」을 들려줘라. 엄마가 베토벤을 좋아하는 걸 너도 알잖니. 특히 부드러운 2악장도 좋고, 4악장에서 마지막을 승리로 장식한 환희의 절정도 너무 맘에 든다. 고난은 '짜자자잔!' 하면서 문 열고 들어왔지만, 엄마는 굴복하지 않고 언제나 씩씩했던 걸 기억하겠지. 한 생의 대장정에서 승리로 막을 내리는 듯이 오케스트라가 '쾅쾅' 대는 마지막이 좋다.

나는 그걸 들으며 내 영혼을 하느님께 드리고, 내 육신이 대지에 깊이 스미게 해 달라고 기도할 것이다. '어린왕자'의 영혼은 별로 돌아가고 육신은 사막에 묻힌 것처럼 말이다. 그리고 덧붙여서 내 딸을 지켜줄 수호천사에게 딸에게서 잠시도 떠나지 말아달라고 기도드릴 것이다.

대지에 새순이 돋고 꽃이 피면 엄마를 만난 듯 네가 자연을 더 사랑하게 되기를 바란다. 남은 시간을 '타샤' 할머니처럼 꽃씨를 뿌리며 살려고 하니 엄마가 가꾸던 숲속마을 '녹원당'의 꽃과 나무들은 네가 이어서 돌봐주면 좋겠다.

한 가지 더 부탁하마. 아쉽다고 연명치료는 원하지 않는다. 아파하거든 진통제만 주면 족하다. 떠나는 날의 날씨도 탓하지 마라. 눈이 오면 오는 대로, 비가 오면 오는 대로 엄마는 다 좋아했으니까. 화창한 날이면 더욱 좋아서 가족들끼리 오순도순 모여 앉아 차를 마시며 엄마 얘기를 나누어도 좋겠다.

산다는 것과 죽는다는 것은 일직선상에 있고 그저 모양만 조금 다를 뿐이란다. 자연의 이치에 순응하여 먼저 왔으니 먼저 떠나고, 가서는 평안한 그곳에서 기다리고 있다는 걸 너도 알았으면 좋겠다.

너도 자식 낳아 사랑으로 기르는 엄마가 되었으니, 이제 남은 생은 네 스스로 아름답게 살아 내거라. 태어난 것은 축복 중의 축복이고 산다는 건 슬펐을 때나 괴로웠을 때나 지나고 보니 다 소중하더라. 사랑한다. 딸아!

제5부

울게 하소서

우리는 모두 가슴속에 우는 아이를 품고 산다.

파란만장하다느니, 기구하다느니 하는 운명이 아니라도

마음속 우는 아이는 자란다.

— 〈울게 하소서〉 중에서

몽생미셸의 수도원

집 뒤쪽 야산을 깎아 내리는 공사가 오랫동안 이어졌는데 큰 성당을 짓는다고 했다. 내덕동 주교좌성당이다. 그 아래 '재건주택' 마을이 우리 동네였다. 성당설립이 1957년이었으니 내가 예닐곱 살 무렵 같다.

건물이 지어지기 전에는 부드러운 흙무더기 속에서 비탈로 내려 뛰기도 하고, 모래더미에서 뒹굴며 놀기에도 좋았다. 동네의 누렁이 개 두 마리가 서로 엉덩이를 잇댄 채 놀던 자리도 성당 터였고, 잘 익은 까마중을 따 먹었던 곳도 성당 터였다. 그때 미처 없애지 못한 무덤들 사이에서 숨바꼭질하며 놀다가 집에 들어가면 신발과 옷 속에서 한 바가지씩 모래흙이 나왔었다.

차츰 붉은 벽돌을 쌓은 웅장한 건물이 들어섰는데 동네 개구쟁이들은 위압감으로 그 안에 들어가 보지는 못했었다.

성당 건물은 '하느님의 집'이었고 내 기억 속의 보물이었다. 누가 부르지 않았어도 유년의 추억과 신비로움이 있는 그곳은 언젠가는 들어가야 할 내 집인 것 같았다.

여학교 친구를 따라 성당에 가게 되었고 교리공부를 시작했다. 공부를 하면 할수록 '신앙인'으로 산다는 것은 어렵고 불편하다고 여겨졌고, 그 때문에 나는 부담을 느껴서 세례를 안 받겠다고 우겼었다. 진정한 감동과 확신 없이 기도문만외우며 일 년을 미루다가 성가대에 설 요량으로 세례를 받게 되었다.

박데레사 수녀님은 나만 보면, "소피아야. 너는 수녀가 되면 참 좋겠다."라고 여러 번 권했지만, 당시 나는 수도자 생활이 불완전한 삶이라고 생각되었다. 그 후로도 줄곧 미지근한 신앙인으로 살았다.

유럽여행 중에 한 코스로 잡힌 몽생미셸수도원 방문은 특별한 관광명소를 둘러보는 정도로 생각했다. 사진에서 본 '몽생미셸'은 세계문화유산으로 등재된 아름다운 섬이다. 만조 때는 마치 물위에 홀로 떠있는 요새 같았다.

관광버스 주차장에 내려서 셔틀 버스를 갈아타고 들어가며, 점점 가까워오는 높은 성벽과 하늘 가까이에 자리 잡은 고딕 건축의 장엄함에 감탄하지 않을 수가 없다. 내 생에 두 번 다시 이곳에 올 수 없을 것 같아서 마음으로, 카메라로 부지런히 담았다.

몽생미셸수도원은 미카엘 대천사가 성 오베르의 꿈속에 나타나 수도원을 세우라는 계시를 받고 80년 공사를 통해 완성되었다고 한다. 수도원 이름은 '라 메르베유'. 프랑스어로 '경이로움'이라는 뜻이며 중세 건축의 백미라고 안내자가 설명했다.

바다에 홀로 떠 있는 고색창연한 성의 모습은 천년의 시간이 켜켜이 쌓여서 내딛는 발걸음조차 조심스럽게 했다.

지금은 멈춰 서있는 거대한 도르레가 외부와는 단절되었을 수도자들의 고립을 말해 주고 있다. 돌계단을 디디며 미로 같은 회랑을 돌아 올라갔다. 어둠과 침묵에 쌓인 내부를 보니 방문객들에게 절로 영혼의 세계에 빠져들게 할 듯 경건하고 신비롭다.

수도자들은 어떤 사람들인가.

최의영 신부님의 「수도원 이야기」라는 책을 읽었다. 기둥 위의 성자. 동굴수도자, 사막수도자들은 신앙의 신비에 매료된 나머지 온전한 봉헌생활을 택한 사람들이라 한다. 평생을 독신의 여정으로 외롭고 험한 곳에서 욕망과 욕심을 걸러내며, 어떤 유혹이나 타락 앞에서도 흔들리지 않도록 스스로를

성 안에 가둔 사람들이라고 한다. 그들은 시간의 흐름도 잊은 채, 기도와 자신의 삶을 오롯이 봉헌하며 신앙인으로서의 고리를 이어가고 있다고 한다.

실내가 어두워지자 키가 큰 수녀님 한 분이 회랑마다 돌며 촛불을 밝히고 있었다. 불빛이 없어도, 멀리에 있어도 수녀님의 모습은 형형해 보였다. 이곳이 천국이라면 저분들은 천사들이겠구나. 긴 옷이 걸을 때마다 살랑거린다. 정결의 종신서원을 통하여 기도하고 일하며, 그리스도께 대한 사랑을 충만히 이루어 가는 모습이 천국시민의 표상이 아닐까.

나를 돌아본다. '크리스천'을 자처하는 내 안에는 과연 수도원 비슷한 정도라도 성이 구축되어 있나. 얼마만큼 몸과 마음을 찬송과 봉사로 드리고 있나. 수도자들의 삶이 내게 어떤 의미를 주고 있나.

가끔 마음속에서 '이건 아닌데.' 하는, 신앙에 대한 갈급함이 왔을 때 '꾸르실료' 교육을 받았다. 매 순간 하느님의 사랑, 하느님의 존재, 성체성사에서 오는 은총이 섬광처럼 느껴지는 체험을 하기도 했다. 체험 없이 어떻게 더 가까이, 더 깊이 들어갈 수가 있을까. 수도자들은 고난과 절제를 통해 깊이 체험하면서 그분께 더 가까이 가려는 마음으로 가득 채워진 사람들이란 걸 알았다.

불교에서도 고행에서 얻은 자각을 설파하고, 그리스도교 수도자들의 정신과 함께 인류는 선과 악, 삶과 죽음 사이에서 스스로 균형을 이루어 가는 것이 아닐까.

기도처에 잠시 머물러 십자가의 길 제14처의 기도를 드렸다.

돌무덤에 묻히신 구세주 예수님
저희가 주님의 죽음을 생각하며
언제나 깨끗한 마음으로 정성을 다하며
사랑의 성체를 받아 모시게 하소서.

몽생미셸에서 나올 때 바다에는 서서히 물이 차오르고 있었다. 아름다운 섬, 아름다운 사람들의 기도가 있는 성스러운 '라 메르베유'는, 좀더 가까이 그분께 다가설 수 있는 문을 가르쳐 주었다.

바보산수

요즘은 '바보'라는 단어가 유독 편안하게 느껴진다. 사전적으로는 지능이 부족하여 정상적으로 판단하지 못하는 사람이라지만, 영악스런 사람을 만나게 되면 슬쩍 피하고 싶은 생각도 있다. 김수환 추기경님도 별명이 '바보'였고, 남편에게도 친구들이 '똑똑한 바보'라고 별명을 붙여주었었다.

오래전에 성모병원 로비에서 '운보' 김기창 화백을 뵌 적이 있다. 휠체어에 앉은 운보는 큰 체구에 얼굴색은 좋아 보였고 별명대로 '레드 삭스'를 신고 계셨다. 언제나 빨간 양말만을 고집하며 어린아이처럼 웃으신다고 간호사가 귀띔해줬었다.

'운보의 집'을 방문했다. 입구에는 도자기로 구워 높이 세운 푸른색 솟대가 벌써부터 가슴을 설레게 한다. 서양화를 공부하던 나는 유럽 여행 중에 '고흐', '모네'의 흔적을 찾아다녔지만, 동양화가인 '운보의 집'을 가까이하지는 못했었다.

'운보의 집'은 그가 아내인 '우향' 박래현과 사별 후, 어머니의 고향인 이곳에 전통 양식의 한옥을 짓고 작품 활동을 하며 노후를 보낸 곳이다.

입구 왼쪽에 '운보의 말씀'이 새겨진 큰 바위가 놓여 있다.

나는 귀가 들리지 않는 것을 불행으로 생각하지 않았습니다. 듣지 못한다는 느낌도 까마득히 잊을 정도로 지금까지 담담하게 살아왔습니다. 더구나 요즘같이 소음공해가 심한 환경에서는 늙어갈수록 조용한 속에서 내 예술이 정진할 수 있었다는 것은 오히려 다행이었다는 생각도 듭니다.

다만 이미 고인이 된 아내의 목소리를 한 번도 들어보지 못한 것이 유감스럽고, 또 내 아이들과 친구들의 다정한 대화 소리를 들어보지 못하는 것이 한恨이라면 한恨이지요.

예술가는 늙으면 대자연의 품에 안겨 자연의 창조주와 끊임없는 대화를 해야 한다고 늘 생각해 왔습니다. 늙어가면서 하늘과 대화를 나누며 어린이의 세계로 귀의해야 한다고 믿습니다. 날더러 마지막 소원을 말하라면 도인이 되어 선禪의 삼매경에서 그림을 그리는 것입니다.

바위 앞에 서서 대예술가의 진솔한 고백을 들으니 저절로 머리가 숙여진다.

어린이의 세계로 귀의하고 싶다던 운보는 그래서 빨간 양말만을 고집했을까. 빨간 양말을 드러내 놓고 휠체어에 앉은 채 아이처럼 웃던 모습을 떠올려본다.

미술관으로 들어서니 자세한 운보의 연보가 벽면을 채우고 있다.

운보는 1913년에 서울에서 출생했다. 7세에 장티푸스로 인한 고열로 청각을 잃고 언어까지 불능하게 되었다. 소리를 잃고 적막의 세계로 유기되어 스스로를 버려진 아이로 생각한 적도 있었으나, 신앙심 깊은 어머니의 사랑으로 인내하며 견디었다고 했다. 거듭되는 절망과 좌절에서 운보를 일으켜 준 사람은 외할머니, 어머니, 그리고 아내 우향과, 화가 이당 김은호 선생이었다.

김은호 선생의 제자가 되어 그림에만 전념해온 운보는 조선미술전람회에서 입선을 시작으로 활발한 작품 활동을 하였다. 그 후 한국화 겸 판화가였던 우향 박래현과 결혼한 운보의 화풍은 다양하게 발전하며 변모해 갔다.

초기에는 정확한 인물 묘사의 그림을, 해방 후에는 활달한 필법의 꽃과 새를 그렸고, 1950년대 후반부터는 반추상, 또는 입체 풍속화를 그려 나갔다. 차츰 완전 추상화 시기, 강력한 선의 수묵화 시기, 1975년 이후부터는 민화풍의 바보산수화 시기에까지 이르렀다.

잘 정리된 미술관 안에는 군데군데 운보의 마음을 적은 글이 액자로 걸려 있었다.

> 나는 오랫동안 근원을 찾아 헤매다가 한국적이면서도 순수한 인간의 감정을 잘 표현해 놓은 것이 민화임을 알게 됐다. 아주 훌륭한 예술인 우리의 민화에는 서민들의 소박한 삶과 해학이 꾸밈없이 담겨 있으며 바보산수는 그런 민화의 정신을 내 나름의 작품세계에 담아보려 했다.

동양화를 대표하던 운보는 늘 새로운 기법을 찾아 작품 활동을 했으며 민화와 토속신앙에서 영감을 얻은 '바보산수'라는 독특한 화풍을 만들어 내었다.

운보는 여러 장르의 화풍으로 그림에의 열정을 분수처럼 뿜어내는 화단의 거인이기도 했다. 대걸레에 먹물을 묻혀 선 채로 작업에 몰두하는 모습이나, 머리와 몸통을 온통 붉은색으로 툭툭 던지듯 표현한 '해를 삼킨 새'를 보면 끝을 가늠할 수 없는 그의 창작 열정을 느낄 수 있다.

그중에서도 나는 선이 단순하고 색채가 화려한 운보의 '바보산수'에 감동했다. 민화를 자신의 방법으로 변형한 작화를 운보 자신은 '바보산수'라는 유머러스한 개념으로 명하고 있다.

뿔 달린 귀여운 여섯 도깨비는 왕방울 알눈을 치켜뜬 채 형형색색으로 표현되었다. 그림에는 '화가 난 우향'이라는 제목을 붙였다. 그림을 보니 웃음이 절로 났다. 아마도 부부싸움 끝에 마음이 틀어진 아내와 화해하기 위해 그렇게 익살스런 그림을 그려 아내에게 주지 않았을까. '우향'도 그 그림을 보고 웃음이 나올 수밖에 없었을 게다.

'바보산수'는 운보의 미술세계에서, 한국인이 공감할 수 있는 감성으로 표현해 낸 독특한 화풍이다. 그 특징은 짙은 먹을 사용한 힘 있는 필치와 단순화된 선, 강렬한 원색 등이 민화에 현대적 의미를 담아 개성 있는 표현을 한 것이다. 동양화가가 그렸다는, 어딘지 덜 된 모습 같은 그림을 운보는 스스로 '바보'라고 표현한 듯하다.

「해를 삼킨 새」의 강렬한 붉은색에서는 미처 다 펴 올리지 못한 그의 열정이, 「투망」의 청록빛 거대한 산야와 그물 던지는 서민의 모습은 고향을 그리워하는 사람들의 향수를 불러일으킨다. 바보가 아닌 그가 '바보산수'라는 화풍으로 맘놓고 화면을 채워나가며 행복해 했을 모습이 떠오른다.

어눌한 바보산수와 달리 정확한 인물묘사 기법으로 그려낸 세종대왕의 영정도 보는 이에게 자부심을 갖게 한다. 1만 원권의 지폐를 꺼내 자세히 본다. 지폐에 그려진 세종대왕의 영정이 운보의 작품인 줄을 모르는 사람들도 많으리라.

'예수의 생애관' 입구 벽면에는 역시 빨강색 스웨터를 입고 그림을 그리는 운보의 사진이 걸려있다. 운보는 예수의 일대기가 동족상잔의 우리 비극과 유사하다고 생각했다. 이 땅에 평화가 오기를 기원하며 예수의 생애 서른 점을 남겼다.

그림 속 예수는 갓을 쓰고, 군중들은 한복을 입고 있다. 늘 서양 사람이 등장하는 예수의 일대기를 보아왔던 우리 눈에는 생소해 보였지만, 우리 민족의 바탕에 굳건히 자리 잡은 기독교 정신을 생각할 때 자주 익혀 두어야 할 장면들이라고 생각이 되었다.

그 수많은 성화 중 「성당과 수녀와 비둘기」라는 작품은 바티칸 교황청에서 소장하고 있다고 한다. 아마도 그 그림은 수녀가 된 셋째 딸을 생각하며 기도하는 마음으로 그리지 않았을까.

그는 듣지 못한다. 그러나 그가 기억하는 마지막 소리는, 돈화문을 지키던 수비병들이 새벽 교대 때마다 불던 나팔 소리, 단성사에서 저녁마다 손님을 부르기 위한 날라리 소리와 북

소리가 귀를 먹기 전 들었던 마지막 소리였다고 한다. 그는 침묵의 심연에서 오로지 붓으로 말하고, 감각에 의한 소리에 친숙해지려 했고, 기억에 남아있는 소리를 잊지 않으려고 했다. 우리가 무심코 흘려보냈던 만물이 운행하는 소리, 사람들의 목소리가 얼마나 소중한가. '듣는다, 들려온다.'라는 상황을 그는 알지 못하면서도 가족들의 목소리, 친지의 목소리, 신부님의 강론하시는 목소리를 마음으로만 들으며 감사하다고 했다.

수석 공원을 한 바퀴 돌아 본 후 운보와 우향이 묻힌 무덤을 보기 위해 나무 계단을 올랐다. 무덤은 어머니의 고향이었던 산과 들이 한눈에 내려다보이는 곳에 자리 잡고 있었다. 87세까지 사는 동안 정적 속에서 그림으로 소통하며, 우리에게 예술작품에 대한 감동과 삶에 희망을 준 '운보' 김기창 화백의 삶을 되짚어 보는 하루였다.

며칠 후면 추석이다. 고향의 땅에서 아름다운 그 영혼들이 해후하기를 바라며 나무계단을 내려왔다. 불어오는 바람소리와 스치는 밤나무에서 알밤이 툭 툭 떨어지는 소리가 들린다.

다 내려놓고 바보처럼 살고 싶은 날이다.

요강

내가 열 살 무렵이었다. 그때는 우리 자매가 넷이었을 때이다. 어머니와 우리는 안방에서 잠을 자고, 아버지는 건넌방에서 주무셨다. 뒷간이 집 밖에 있었으니 당연히 요강은 두 개였다. 안방 윗목에 놓인 큼직한 놋요강은 우리들이 사용하고, 마루 한 옆에 놓인 작은 사기요강은 아버지가 사용했다.

한밤중에 동생들이 오줌 마렵다고 하면 어머니는 머리맡에 놓아둔 놋요강을 손마디로 통통 두드리며 위치를 알려 주었고, 우리들은 소리나는 곳으로 엉금엉금 기어가서 놋요강에 오줌을 누었다.

자고 일어나서 가득 찬 요강을 비우는 일은 맏이인 내 차지다. 다행인 것은 아버지가 사용한 사기요강을 비우는 당번은 어머니였다. 언젠가 내가 사기요강을 놓쳐서 깨뜨리며 오줌도 뒤집어 쓴 적이 있기 때문이다. 놋요강도 몇 번 놓쳐서 찌그러졌지만 그래도 깨지지는 않았다.

나는 오줌을 담 아래 코스모스 울타리에 쏟고, 펌프 가에 있는 짚수세미로 깨끗이 닦아 마루 아래 두었다가 잠자기 전에는 방안으로 가지고 들어갔다. 이동식 변기인 요강은 한 가정의 필수품이었다.

어머니는 열여덟 살에 마차를 타고 청천 구병리 고개를 넘어서 청주로 시집왔다고 했다. 변변한 살림도구도 장만하지 못했지만 큰 맘 먹고 외할머니가 장만해준 놋요강만큼은 소중한 혼수품이라고 했었다.

사기요강은 평소에 사용하고, 놋요강은 아까워서 부엌의 살강 위에 올려놓고 배급받은 귀한 백설탕을 담아두었다고 했다.

무더운 여름날, 수박을 쪼개어 보니 덜 익어서 설탕을 넣고 화채를 만들기로 했다. 어머니가 살강위의 놋요강에서 설탕을 한 종지 퍼서 화채그릇에 넣는 것을 아버지가 보셨다. 아버지는 화채그릇을 마당으로 내던졌고, 어머니는 집 뒤 굴뚝 옆에 가서 울었다고 했다. 두 분들의 신혼시절이었다.

유물 수집가이신 김준수 님 댁을 방문했다. 대문을 들어서자 마당 가득한 돌구유, 절구, 맷돌, 옹기들이 발 디딜 틈도 없이 가득하다. 지하실에는 다양한 목공예품들이 많았는데 선조들의 그 정교한 솜씨와 예술성에 감탄이 절로 나온다.

2층에도 고서화 및 사랑방, 안방, 부엌, 약방에서 사용했던 유물들로 가득했다. 가히 일천여 점이 넘는다 하니 40여 년 동안 발로 뛰고, 통장을 털어가며 보낸 시간과 열정이 고스란히 느껴진다.

청주시 한국공예관에서 전시회를 열기도 한 수집가님은 조상님들의 지혜와 슬기가 담겨있는 유물을 어느 것 하나라도 소홀히 할 수 없어 나름대로 수집에 대한 원칙을 세워놓고 앞민 보고 달려왔다고 한다.

거실에서 차를 마시는 동안 김준수 님은 다락 깊숙한 곳에서 한지에 둘둘 싸여있는 뭉치를 펼쳐 보여주는데, 여인들이 사용하던 빗치개, 용잠, 불두잠, 굴레반지, 노리개, 분첩과 분연적 등 화려하고 귀한 공예품들이 쏟아져 나온다. 칠보로 용문양을 입체적으로 조각한 긴 비녀는 그 화려함과 귀족스러움이 고품격을 자랑한다.

마루 한쪽에는 내가 어렸을 때부터 보아온 크고 작은 요강들이 수두룩하다. 예부터 요강을 야호, 음기, 설기, 수병이라고도 하였으며 궁중에서는 '지'라고 하였다고 한다. 아기들이 더러운 물건을 만지려 하면, 어른들이 "지지!" 라고 말하며 못

만지게 한 연유가 거기 있었을까.

크기가 다른 놋요강들, 청색과 녹색의 그림이 그려진 사기 요강, 옹기요강, 나비가 그려진 백자요강 등이 있고, 이곳에는 없지만 참외요강도 있다고 했다. 새색시가 가마 타고 시집갈 때 친정어머니가 가마 속에 참외만 한 크기의 요강을 넣어 주셨는데 속에는 목화솜이나 짚을 썰어 넣었다고 한다. 오줌 누는 소리가 가마꾼들한테 들려서는 안 되기 때문이라니 옛 어른들의 고고한 모습을 보는 듯하다.

내가 여학교로 첫 발령을 받았을 때, 자취방에는 반 아이들이 자주 드나들었다. 누군지도 모르게 고구마나 애호박을 가져다 놓기도 하고, 가을에는 감 가지를 꺾어다 못에 걸어 놓기도 했다.

시골집 사랑채에서 자취하던 나는 마당 건너에 있는 화장실을 가기가 불편해서 방안에 요강을 들여놓기로 했다. 그릇 가게에서 꽃무늬가 새겨진 예쁜 플라스틱 통을 샀다. 요강 대용품이다. 밤에 사용하고 아침에는 깨끗이 씻어 마루에 두었었다.

어느 날 퇴근하고 집에 와보니 플라스틱 꽃무늬 요강에 까만 서리태가 소복이 들어있었다. 웃음이 났다. 어머니가 놋요강에 설탕을 넣어두었다가 아버지께 무안을 당했다는 생각이 났기 때문이다. 나는 서리태를 비닐봉지에 쏟아서 주인집 아주머니께 드렸다. 아주머니는 고맙다며 잘 먹겠다고 했다.

요강은 보기만 해도 오줌 냄새가 난다. 선입관이 작용을 한 탓인가. 어렸을 때 여름날의 요강에서는 유독 지린내가 많았었다. 요강 당번을 수년간 해온 나는 아무리 예쁜 요강을 보아도 냄새에 대한 기억을 지울 수가 없다.

수집가님은 거실에 즐비하게 늘어선 요강에서 냄새를 느끼기보다는, 옛 조상님들의 숨결이 담겨있는 공예품의 소중함을 거듭 강조한다. 평생을 유물지기로 살면서, 우리의 전통문화를 알리고 계승하는 데 끊임없이 노력하신 모습이 존경스럽다.

귀족이 쓰던 화려한 장신구도 소중한 유물이지만, 신분 고하를 막론하고 사용하던 생활필수품인 요강이야말로 옛사람들의 삶의 모습을 진솔하게 더듬어 볼 수 있게 한다.

요강 당번이었던 옛일을 추억하며 오늘은 집의 수세식 변기를 반짝반짝하게 닦아야겠다.

울게 하소서

가끔 울고 싶을 때가 있다. 눈물을 흘려가며 울어본 지가 언제였던가. 거리를 지나다 보면 '노래방'은 많이 눈에 띄는데 소리내어 울어도 좋을 '울음방'은 없다. 체면 때문에, 자존심 때문에 쏟아내지 못한 울음덩이가 가슴속에 웅크리고 있다. 울음치료가 웃음치료와 함께 감정의 독소를 밀어내고 마음을 치유시켜 준다면 실컷 울어도 좋겠다.

메조소프라노 '조이스 디도나토'의 공연 안내를 받고 서울의 '예술의 전당'으로 왔다. 저녁에 한 차례만 공연하는 디도나토의 첫 내한공연 프로그램은 '전쟁과 평화'를 주제로 짜여있었다. 전쟁과도 같은 마음속 분노와 슬픔을 평화로 이끌어 가는 오페라 아리아의 공연이다.

콘서트홀은 어둑했고 무대 한가운데에 등을 보이며 옆으로 누워있는 무용수가 희미하게 보였다. 자못 장중한 분위기이다. 관객들이 조용히 자리를 찾아 들어오는 그 시간에도 정지된 동작의 남자 무용수는 이미 객석을 긴장시킨다. 프로그램을 살펴보며 그동안 공연장, 전시장을 찾은 지도 참 오래되었다는 생각이 든다.

전시장을 찾아 작품 감상하기를 즐겨했던 지난날에는 화가를 꿈꾸었다. 종일 캔버스 앞에 앉아 그림을 그리기도 하고, 나이프로 유화물감을 이겨 바를 때는 가난 같은 건 생각지도 못했었는데 지금은 화구박스와 붓도 버린 지 오래되었다.

육아와 직장생활이라는 두 지게를 지고 가야 하는 고달픔은 이미 터져버린 분화구에서 가량없이 올라오는 연기처럼 일상 속에 스며서 욕망까지 덮어버렸다. 더 커지지도 않고, 아주 없어지지도 않는 무지근한 삶의 통증은 자존심이라는 이름으로 굳어진 채 따라다닌다. 이루고 싶은 일도 많았는데 속절없이 세월만 보냈으니 울고 싶을 때가 왜 없으랴. 그토록 지겹던 유화물감의 기름 냄새가 이젠 추억이 되어 그립다.

공연이 시작되었다. 오늘의 공연 첫 무대는 화려할 이유가 없는 듯하다. 폐허처럼 어둡고 거친 무대 바닥에 낮게 연막이 흐르고 있다. 소수의 앙상블 연주자들과 함께 무대에 오른 디도나토는 짧은 머리에 맨발이었고, 그가 입은 잿빛 드레스는 프로그램 노트의 제목을 암시하는 듯하다. 움직일 때 나는 구두 소리도 관객에게 방해가 될까 하여 맨발로 무대에 오른 모습이 특별하다.

1부에서는 절망과 공포와 재앙을 노래했다. 오페라 「예프타」 중 '공포의 장면, 재앙의 장면'을, 헨델의 「아그리피나」 중에서는 '나를 비통하게 하는 생각들'을 불렀다. 심장이 무너진 듯, 정신이 고갈된 듯한 모습으로 '나를 버리지 말아 달라'고 호소하는 그의 표현은 참 비통하다. 그 목소리는 마치 동굴 속에서 호흡하듯이 절제하며 시작했지만, 차츰 그 공명은 연주홀 전체를 감싸고 불안과 아픔을 쏟아낸다.

퍼셀의 오페라에서는, 배신당한 여왕이 스스로 '화장단'을 쌓고 부르는 비가에 관객들은 숨소리조차 삼켜야 했다. 인간의 심연에 자리 잡은 슬픔과 고통의 형체를 낱낱이 드러내는 순간이었다. "24k 순금과 견주었을 때 부족한 것이 없는 목소리"라는 열렬한 찬사를 받기에 마땅하다.

슬픔이 절정에 이르렀다. 바닥에 털썩 주저앉아 반쯤 엎드린 채로 헨델의 「울게 하소서」를 비브라토 없이 노래한다. 그 노래는 오선지 위의 음표에서가 아니라, 심장에서부터 뿜어져 나오는 절제된 절규였다.

그녀의 슬픔을 그냥 내버려 두자. 함께 목울대를 치받는 내

슬픔도 그냥 내버려 두자.

절대적 위로가 필요한 그에게 건장한 남자 무용수는 서서히 손을 내밀어 주저앉아 있는 그를 일으킨다. 그 순간, 노래하는 그와 듣는 우리조차도 이제 겨우 보이지 않는 신의 손을 잡은 것처럼 위안을 느꼈다. 관객들은 '내 눈물에 세상도 함께 울어 주리라.'는 안도감으로 맘껏 눈물의 카타르시스를 느끼는 시간이었다.

지난봄에 반려였던 리트리버 '리노'를 산에 묻고 온 날, 과묵하던 남편이 손수건에 얼굴을 묻고 펑펑 우는 걸 보고 덩달아 울컥했던 기억이 난다. 남편은 그 눈물로 '리노'와의 인연을 정리하는 듯했지만, 그때도 나는 울지 못했다. 심장사상충약을 제때 먹이지 못한 내 잘못이 컸기 때문이다. 두렵고 죄스럽고, 허망했다.

아버지가 돌아가셨을 때도 눈물이 나지 않았다. 힘이 되어 드리지 못한 맏자식으로서 죄책감과, 더이상의 기회를 잃은 허망함이, 내게는 울 자격조차도 없다고 느꼈었다.

눈물샘이 열린 건 그 후 반년쯤 지나서였다. 눈 내리는 새벽에 라디오에서 흘러나오는 「베토벤 바이올린 소나타 F장조 제 2번」을 들을 때였는데, 둑이 터진 듯 눈물을 쏟았다. 그 곡은 아버지를 기억하게 했다.

내가 고등학생이었을 때, 라디오의 음악 소리에 새벽잠에서 깨고 보니, 옹기종기 포개어 자고 있는 자식들을 내려다보며 아버지는 앉아서 담배를 피우고 계셨다. 박봉에 살아갈 길이 막막하셨나 보다. 그때도 눈 내리던 새벽이었는데, 바로 그 바이올린곡이 흘러나오고 있었다. 나는 잠에서 깼지만, 아버지는 그 힘든 모습을 자식들한테 보이고 싶지 않을 거라고 생각되어서 숨죽여 자는 체했었다. 때로 음악은 기도보다 더 큰 힘으로 우리를 정화시킨다.

2부에서는 평화를 노래했다. 드디어 무대가 밝아졌다. 피콜로로 만들어내는 맑은 새소리가 자연을 깨우는 듯 우리의 촉각을 건드린다. 바람과, 햇빛과, 푸른 잎과, 꽃이 있는 자연 속으로 관객을 이끈다.

밝은 은빛드레스로 바꿔 입은 디바는, 사랑이 우리에게 주는 평안함을 노래했고 악기 연주자들이 아카펠라로 부른 「마음에 평화를 주소서」는 차분히 순환하는 멜로디가 마치 앙금을 가라앉히려는 듯 낮게 깔렸다.

노래 하나로 그녀는 우리에게 헤어 나올 수 없을 것 같은 고통도 체험시켰고, 사랑만이 마음에 평안을 줄 수 있다는 치료약도 주었다. 언제나 변함없이 우리를 감동시키는 예술의 미학이 알약 없이도 아픔을 치유시켜 준다는 것이 경이롭다.

우리는 모두 가슴속에 우는 아이를 품고 산다. 파란만장하다느니, 기구하다느니 하는 운명이 아니라도 마음속 우는 아이는 자란다. 피할 수 없는 일상의 잡음과 가난에서, 질병에서, 외로움에서, 노화되어감에서 우리는 모두 아프고 슬프다. 그럴 때면 누구라도 알아주기를 바라고, 누구에게든 위로 받고 싶다.

고통과 위로와 평안의 통로를 차례로 체험케 한 '디도나토'의 공연은 삶을 넓게 바라볼 수 있는 힘을 갖게 해주었다. 슬픔과 고통은 감추어 두지 말고 드러내며 쏟아내어야 낙관으로 갈 수 있으려나.

그녀는 공연이 끝나고 무대 위에서 조용하게 관객에게 말한다.

"힘들 때일수록 당당하게 견디며 낙관주의자가 되세요."

단 한 번씩의 공연만으로 세계 곳곳을 방문하며 치유와 희망을 안겨 주고 떠나는 그는 진정 위대한 예술가였다.

늦은 밤, 집으로 돌아가는 고속도로는 한적했다. 여운이 사라지기 전에 돌아가면 구석진 작은방을 내 '울음방'으로 정하고 그곳에서 다시 한 번 그녀의 「울게 하소서」를 들어야겠다.

바닥에 고여 있는 마지막 눈물까지도 이제는 조용히 흘려보내고 싶다.

천년의 시간, 그 뿌리를 찾아서
— 성안길과 철당간

가을이다. 파란 하늘과 맑은 햇살에 이끌려 모처럼 편안한 외출을 했다. 시골에서 살다 보니 곡식이 자라고 영그는 모습에서 시간의 흐름은 느끼지만 세월은 어디만큼 왔는지 나이도 잊고 산다. 모처럼 운동화를 신고 '성안길'에 나왔다.

풋풋한 스무 살 무렵에는 긴 나팔바지에 나막신 같은 구두를 신고 아스팔트 거리를 쓸며 다니던 그 길이 여긴가. 생기발랄한 젊은이들이 패션모델처럼 활보하고 상점마다 경쾌한 음악을 쏟아내니 절로 겅중겅중 다리에 힘이 생긴다.

옛 모습과 많이 달라진 도시의 모습을 카메라에 담아본다. 사방을 둘러보아도 나이가 들어 보임직한 사람은 상점 앞에 자리를 펴고 앉아 꽃을 파는 할머니와, 떡볶이며 어묵꼬치를 파는 아주머니와 나밖에 없는듯하다.

소싯적에 이 거리를 활보했던 나를 알아볼 젊은이들은 아무도 없다. 끈 달린 가방을 사선으로 메고 운동화 신고 두리번거리는 내 모습은 누가 봐도 이방인 같았으리라.

이 거리를 1990년대 이전까지는 일제 강점기 때의 이름인 '본정통'으로 불렀으나, 그 이후 바른지명찾기운동으로 '성안길'로 바뀌었다. 옛 친구들을 만나 수다를 떨 때면 '본정통' 시대의 싱그럽던 시절이 그립다.

남문과 북문을 가로지르는 성안길을 중심으로 긴 장방형을 이룬 청주읍성은 삼한시대부터 '낭지곡', '상당현', '서원경', '청주목' 등으로 불리며 차곡차곡 시간의 켜를 쌓아왔다. 중앙 공원 안에 자리한 관아를 중심으로 사회, 경제, 군사, 행정의 중심지로서 임진왜란 당시에는 최초의 승전고를 울린 곳이기도 한데 지금은 그 역사의 정체성마저 잃어버린 듯 변했다.

서울의 명동과도 같았던 성안길의 중심 상권도 1997년 이후 '대형 할인점'이 입점되고 설상가상으로 IMF 때부터 쇠퇴기를 맞아 그 전성기의 번화함을 차츰 잃어가는 모습이 안타깝다.

더욱이 코로나 불경기라니 언제쯤 경기가 회복되려나. 품목별로 그들먹하던 상점의 물건들도 주로 의류나 액세서리들뿐이다. 젊은 여성 고객 위주의 상권이다 보니 그러리라.

건물의 계단 밑에서 구두를 수선하는 아저씨도 요즘은 고객이 없다며 하소연한다. 하기야 연령 불구하고 양복 입은 신사든 젊은이든, 심지어 가정주부들까지도 편한 운동화 차림이 대세이니 그럴 수밖에 없겠다.

록음악이 경쾌한 매장으로 들어가 보았다. 핸드폰 케이스를 파는 매장이다. 일부러 무릎을 찢어 입은 '청바지 아가씨'들이 모여 있다. 주인은 무슨 용무로 왔느냐는 듯 나이 든 나를 의아한 눈으로 쳐다본다.

아가씨들처럼 예쁜 핸드폰 케이스를 하나 샀을 뿐인데 내 마음은 한껏 행복해진 기분이다. 쇼핑의 즐거움이 이런 것일까. 젊은이들의 활기가 넘쳐나는 이 거리를 옛 문화와 쇼핑을 함께 즐길 수 있는 '천년고도'의 문화도시로 다시 돌아가기를 기대해 본다.

포장마차에서 떡볶이 한 컵을 사먹고 철당간으로 향했다. 마침 철당간 앞에는 마스크 쓴 서너 명의 여행객이 문화해설사의 설명을 듣고 있었다. 청주극장과 현대극장이 나란히 있던 곳이라서 영화를 보기 위해 연인과 만날 약속 장소는 늘 '철당간 앞'이었다.

남의 눈을 피해 청춘 남녀가 데이트할 장소가 변변치 않던 시절에는 영화관이 제격이다. 눈은 화면을 보지만 맘놓고 연인과 손을 잡을 수 있는 곳도 영화관이기 때문이다. 그 기억 때문인지 멋없이 삐죽 서있던 녹슨 철당간을 떠올리기만 해도 마음이 촉촉해지던 시절도 있었다.

해설사가 자세히 설명한다. 국보 41호인 철당간은 고려 광종 13(962년)년에 조성되어 천 년이 넘는 세월을 청주의 역사와 함께하며 굳건히 이 자리를 지키고 있다고 힘주어 말한다. 철당간 북쪽인 지금의 서점 자리에 '용두사지'가 있었다지만 흔적조차 찾을 수 없고 당간만 남았다.

전설로는 스님이 '목암산(우암산)에 올라가 내려다보니 청주 고을이 천천히 북쪽으로 떠내려가고 있는 행주형行舟形의 지형이라고 했다. 풍수지리상으로 청주의 지세에 맞게 세운 당간을 배의 돛대로 이해하기도 했으며 그 후로부터 청주를 주성舟成이라고 부르게 되었다고 한다.

당간이란, 당幢이라 불리는 깃발을 달기 위한 깃대로서 예부터 사찰 앞에 세워 부처님의 위신과 공덕을 나타내던 것이다. 천 년 전 청주읍성의 나지막한 초가집들 위로 높이 솟은 용머리를 한 당간에 불화나 보살을 비단에 수놓은 깃발을 달았다 했으니 멀리서 보아도 그 위용이 장엄했으리라.

당간은 만든 재료에 따라 철당간, 석당간, 목당간 등이 있다. 우리 지역이 철 생산이 많았고 이미 천 년 전부터 철문화가 발달했다는 것은 홍덕사지의 철 불상과 세계 최고의 금속 활자본 「직지」를 보아도 알 수 있다.

당간은 당초에 30단의 철통을 쌓아 하늘로 20여 m에 달했으나 현재는 20단만 남아 있다. 철통의 요철구조와 조립도 정교하다. 철통 속을 나무로 채우다 보니 오랜 세월에 썩어서 철통이 기울어지기도 했으나 일제강점기에 시멘트를 부어 곧게 세웠다고 한다.

아래에서 위로 세 번째 단에는 양각으로 글자를 넣어 철당간이 만들어진 사연을 자세히 적었다. 천년이 흐른 지금까지도 완벽하게 그 기술과 지혜가 전해 내려오니 당시의 금속 기술 문화가 얼마나 대단했었는지를 짐작게 한다.

'용두사철당기'에는 한림학생 김원이 짓고 썼으며, 새긴 사람은 손석이라고 했다. 또한 당간을 세울 때 관여한 사람들의 직책과 이름도 적혀 있다. 이 가운데 한림학생翰林學生, 학원경學院卿, 학원랑중學院郎中이라는 직책은 오늘날의 교육감, 교육장과 같은 직함이다.

이 지역에는 철당간이 세워진 962년 이전에 이미 교육의 뿌리가 내려진 곳임을 알 수 있다. 청주는 '교육의 도시'라는 것에 자부심을 갖게 한다.

김원은 "부족한 내가 재주도 없이 한 세상을 살고 있던 중,

갑자기 권하여 짤막한 문장을 지으니 다음과 같다."고 하였다.

당간이 새롭게 서니 하늘 가운데 닿으며
정교한 형상은 불법을 장엄하게 하도다.
양가 형제가 영을 받아 선업을 닦는 마음으로
주철당간을 세우니 끝없이 영원하여라.

준풍3년(고려광종 13, 962) 임술년 3월 29일 쇠로 만들다.

현대문명의 근본을 옛 문화의 뿌리에서 찾는다. '역사를 잊은 민족에게 미래는 없다.'고 했던가. 조상들의 문화인 생활도구 및 유물과 유적, 성터와 궁터, 전통음악, 춤, 놀이 등은 계승하여 상속하고, 지키며, 사랑해야 할 우리 민족의 뿌리이다. 가장 한국적인 것이 가장 세계적인 것임을 새삼 느낀다.

푸른 가을 하늘을 찌를 듯 솟은 철당간 끝에 아름다운 '당'이 나부끼는 듯하다.

돌아올 때는 성안길 뒤쪽 골목을 택했다. 예상했던 대로 군데군데 '임대'라고 써 붙인 빈 상가가 눈에 띈다. 이 불황이 언제쯤이나 풀려 새 활기를 찾게 될까.

운동화가게 앞에 자리 잡고 꽃을 파는 할머니에게서 분홍색 꽃 한 다발을 샀다. 이마에 주름은 깊어도 표정은 꽃처럼 환한 할머니가 고맙다며 인사를 한다.

무명옷을 입고 천 년 전 청주읍성을 한 바퀴 돌아 본 것 같다. 자부심을 가득 채운 나들이였다.

콘트라베이스 연주자처럼

어둠이 내리는 공연장 앞은 관람객들로 북적였다. 새봄맞이 음악회에 온 사람들답게 두툼한 겨울옷을 벗어버리고 화사한 옷차림이었다. 공연장 안으로 들어갔다. 이미 객석은 가득 차 있었지만 다행히 지정석은 무대와 가까운 곳에 있었다.

공연이 시작되었다. 시립합창단원들의 진달래 빛 드레스는 조명 아래 물결치듯 반짝이고 무반주 합창인 이은상의 「봄 처녀」는 노래 가사처럼 "진주 이슬" 신고 오시는 듯 맑고 화사하다.

합창의 중간에 현악 앙상블 팀이 특별출연 하였다. 열 명 남짓한 현악 단원들 중에 콘트라베이스 연주자는 한 사람뿐이었으며 무대 오른쪽 뒤에 서 있었다. 악기의 키가 연주자의 머리 위로 불쑥 올라갔다. 무대 가까이 앉아 있다 보니 유독 큰 콘트라베이스에 눈길이 갔다.

콘트라베이스는 평소 눈여겨보지 않던 악기였다. 크기에 비해 존재감은 적었다. 소리는 낮고 악기 모양조차 투박하다. 연주자보다 큰 키에 장항아리 같은 몸통을 한데다 달팽이 모양의 머리를 곧추 세우고 외다리로 서 있는 모습은 보기에도 부담스러웠기 때문이다.

비발디의 「봄」은 늘 들어도 새롭다. 골짜기의 얼음이 녹아내리는 소리와 들판의 새싹 위로 새들도 포로롱거리며 나는 광경이 눈에 선하다.

눈을 감고 콘트라베이스 소리에 집중했다. 깊고 부드러운 소리가 그림자를 깔아 입체감을 더해 주듯이 낮게 울린다. 코끼리 같은 몸통에서 나오는 폭 넓은 떨림과 웅장한 저음이 작은 현악기들의 음을 감싸며 이끌어 간다. 바이올린이 높은 음을 분수처럼 흩어 놓으면, 콘트라베이스는 낮은 음으로 감싸며 음악 속의 이야기를 풀어낸다.

몸을 앞으로 당기며 좀더 집중해서 들어 보았다.

작은 현악기들의 가볍고 화려한 소리는 멀어지고, 콘트라베이스의 깊은 소리가 편안하게 다가온다. 간혹 피치카토로 퉁퉁 튕기는 소리는 호수 위에 물수제비를 뜨는 것 같기도 하고, 날아갈 듯 자유로운 바이올린 선율에 우수를 드리워 주기도 한다. 거친 음을 내도 천박하지 않고, 쿰쿰한 지하실처럼 잦아들어도 끝까지 분간할 수 있는 울림의 매력이 있다.

작은 현악기들은 포르티시모로 외치는가 하면 다시 속삭이고, 피아니시모로 부드러우면서도 때론 숨막힐 듯 조용한 음의 알갱이들을 콘트라베이스가 품어주지 않았다면 저처럼 풍요롭고 아름다운 화음을 들려줄 수 있었을까.

콘트라베이스의 허리를 연주자가 활로 켤 때마다, 펑펑 쏟아지는 소리의 관통력은 어느 악기에서도 찾아볼 수 없는 소리였다. 콘트라베이스의 소리는 자신을 내세우지 않으면서도 전체를 품에 안고 이끌어가는 그 어른스러움이 매력을 발산한다. 관심조차 주지 않았던 콘트라베이스가 이끌어 가는 화음의 소중함과 그 연주자의 존재가 비로소 거대한 몸통만큼이나 크게 느껴졌다.

연주가 끝나자 지휘자는 현악기 연주자들을 일으켜 세워 인사를 시키고 관중들은 큰 박수로 보답했다. 그러나 늘 가장자리에 서서 연주하는 콘트라베이스 연주자는 새삼스레 일어설 일도 없었고 그에게는 조명조차도 비쳐지질 않았다.

돌이켜 보면 우리 주변에도 그 연주자의 역할 같은 모습으로 사는 사람들이 많다. 고아로 자라서 늘 부모님이 그립다는 지인은 식당을 운영하며 그의 아내와 함께 반찬 도시락을 만들어 홀로 사는 노인들을 돕는다.

치매로 '아기'가 되어버린 남편을 돌보는 머리카락 희끗한 친구는 남편과 함께 산책하던 중에 '큰 아기'가 꺾어 주는 들꽃한 송이를 받아들고 안타까워 눈물을 흘렸다고도 했다. 또 자신은 목발을 짚고도 입원한 환자를 위해 병원을 드나들며 기도로 헌신하던 분도 떠오른다.

이렇듯 주변에는 눈에 띄지 않게 사랑을 연주하는 삶의 콘트라베이스 연주자들이 얼마나 많은가.

그처럼 살고 싶다. 악기에게는 울림이 생명이고 우리에겐 타인의 아픔을 이해하는 것이 사명이다. 마음의 울림에 더 다가서는 삶이고 싶다.

피날레는 「봄의 교향악」을 연주하며 봄맞이 문을 활짝 열었다. 공연이 끝난 뒤 관객들이 몰려나온 현관에는 연주자들에게 꽃다발을 전하는 사람들로 붐볐다. 그 사람들 사이로 큰 악기를 부둥켜안고 나가는 콘트라베이스 연주자가 보였다. 사람들 사이를 헤치며 어둑한 계단을 조용히 내려가는 연주자의 뒷모습이 의연하다.

봄의 화음을 기억하며 가로등 불빛 아래 비친 벚나무 가로수의 꽃망울을 본다.

통통히 부푼 걸 보니 봄님이 오시는 중인가 보다.

소소한 나의 정원

작은 정원에는 언제나 그렇듯 꽃나무와 채소들이 함께 살고 있다. 정원 둘레에서 뽑아낸 잡초를 뒤뜰에 쌓고, 한약재 찌꺼기와 들깻묵을 넣어 발효시킨 거름을 섞어 땅심을 키워 놓았으니 어느 곳에 채소를 심어도 잘 자란다.

지난 4월에는 오이 모종 일곱 포기와 여주 모종 다섯 포기를 심었었다. 햇빛이 그리 풍족하지 않는 곳인데도 모종들은 실하게 자랐다.

하루가 다르게 덩굴을 뻗어서 지지대를 만들어주며 '라다크' 사람들처럼 훙얼훙얼 주문을 외웠다.

- 하나의 모종에서 백 개의 열매가 달리게 하소서.
- 두 개의 모종에서 천 개의 열매가 달리게 하소서.

- 모든 열매들이 쌍둥이가 되게 하소서.

마디마다 오이가 열렸다. 아침나절 반뼘이던 오이가 저녁나절이면 한 뼘이 되었다. 하루만 오이밭에 눈길을 안 주면 어느새 대여섯 개가 주렁주렁 달려있다. 아마도 어림잡아 오이모종 한 포기에서 열 개씩은 수확한 것 같다.

부지런히 오이소박이도 담그고, 오이지도 담그며 풍성한 여름 식탁을 만들었다.

여주는 덩굴만 무성하고 열매를 세 개밖에 주지 않았다. 귀한 열매를 건조기에 넣어 말리며 초록빛 넝쿨 가득한 모습만으로도 감사했다. 아마도 여주는 빛을 덜 받는 곳에 심겨진 탓이겠다. 물과 햇빛과 건강한 흙이 식물들의 성장에는 정직하게 작용한다.

8월 중순이 되어서 대추나무 아래 열 평 텃밭을 일구었다. 미리 거름을 섞어 골을 타고 김장용 배추 모종을 심었다. 노랗게 속이 꽉 차지 않아도 푸른 잎이 많은 배추로 자랐으면 좋겠다. 흙내를 맡은 모종들이 나비처럼 잎을 펼치는 모양이 대견하다.

작약밭 앞 서너 평 밭에는 무씨를 뿌렸다. 골 만들기가 힘들었는지 남편은 평평한 밭에 술술 씨앗을 뿌리더니 손으로 이리저리 훑어 흙을 덮는다. 내가 보기에는 무 농사는 망친 것 같다. 무가 알을 키울 흙 두둑이 없으면 어쩌나. 남편은 걱정 말라며 큰소리를 친다.

며칠 후 무씨가 콩나물 올라오듯 자란다. 겹쳐진 싹을 핀셋으로 솎아주며 정성껏 키워서 석 달 만 지나면 김장을 할 수 있을 게다. 알 밴 무도 좋지만 실한 무청으로 시래기를 만들 생각을 하니 벌써부터 흐뭇하다.

정원에는 서서히 가을 기운이 찾아든다. 겹무궁화 꽃과, 클라리넷같이 목이 긴 옥잠화 꽃, 연보랏빛 범의꼬리 꽃이 여름과 가을 사이를 메꾸고 있다.

방아깨비, 여치, 사마귀, 섬서구메뚜기들이 웃자란 잔디밭에서 파드득거린다.

남편은 잔디도 깎지 말란다. 잔디를 다 깎아버리면 그 많은 풀벌레들이 김장채소밭으로 몰려올 테니 채소밭을 어떻게 감당할 거냐며 길쭉하게 자란 잔디가 푹신해서 좋단다.

큰 농사를 짓는 사람들은 밭둑의 풀에 제초제도 뿌리고, 농작물에 농약을 안 쓸 수 없겠지만, 작은 정원 속의 채소들은 제 힘으로만 자란다.

아침 이슬이 내린 잔디밭을 걷다 보면 풀벌레들이 후드득 튄다. 녀석들의 낙원이다.

돌담 위의 담쟁이들은 뜨거운 태양 아래서 물 한 모금 없이도 서로 의지하며 돌담을 가득 채우더니 처서가 지난 지금도 새 순을 뻗어 올린다. 손에 손을 잡고 자라는 담쟁이와 더불어 정원의 모든 나무들은 마주보며 잘 자란다.

여름이 물러가는 중에도 한낮의 햇살은 따갑다. 넙죽 바위 위에 마른고추를 한 번 더 널어 바삭하게 말려서 갈무리해야겠다.

| 해설 |

생명의 서사학

– 함무성의 수필 세계

허상문

(영남대 명예교수, 문학평론가)

| 해설 |

생명의 서사학

– 함무성의 수필 세계

허상문

(영남대 명예교수, 문학평론가)

1. 들어가며

오늘날 우리는 생명 상실의 시대에 살고 있다. 코로나19라는 정체불명의 질병으로 몇 년째 마스크를 쓰고 생활하고 있는가 하면, 지구는 온난화를 비롯한 각종 자연재해로 생명의 위기를 당하고 있다. 질병과 기후변화 같은 위기 상황은 기존 자본주의 성장 모델로는 이 세계의 삶을 더이상 지탱할 수 없다는 생명 재생산에 대한 강력한 문제의식을 환기한다. 삶과 세상에서 생명의 가치를 새롭게 인식하고자 하는 노력은 인문학 전반에 새로운 사유 양식을 요청하게 된 것이다.

문학의 기능과 역할도 이러한 의미에서 새롭게 인식되고 사유되어야 할 것이 분명하다. 문학은 인간이 만든 글로 새로운 세상을 꿈꾼다. 작가와 독자는 살아있는 문학을 통하여 나를 깨닫고 삶을 되돌아보게 된다. 말하자면 문학은 생명을 위한 언어일 때 더욱 가치 있는 것이 될 수 있다. 생명을 가진 모든 것과의 생생한 교감을 통하여 문학 언어는 더욱 빛나게 되는 것이다.

이런 관점에서 이번에 발간되는 함무성의 수필집 『실뜨기』는 많은 시사를 준다. 작가는 "자연 속에서 만나는 생명체들의 말이 들리는 듯하고, 나이가 늘어나니 삼성도 더욱 깊어져 담아놓을 그릇"('작가의 말')이 필요하다는 것이 이 책을 발간케 된 동기였다고 하고 있다. 따라서 그의 많은 수필이 담고 있는 무엇보다 중요한 의의는 지상의 모든 생명체들과 진지한 교감을 이루고 있다는 사실이다. 함무성의 문학은 사물이나 사건과의 단순한 만남보다는 그들과 내밀한 교감을 이루면서 우리가 흔히 간과하는 생명의 의미와 가치를 사유하고 있다. 이것은 자신이 만나는 사물이나 생명과 깊은 관계의 연대성에 의해 가능한 것이다. 그의 작품에서는 언제나 작가가 만나는 꽃과 나무, 고양이와 개 같은 동식물들이 하나하나 개체를 지닌 생명체로서 인간과 세상과의 연결의 관계를 가능케 한다. 그러기에 이 세상과 자연에 대한 작가의 생명적 상상력은 우리를 일깨우면서 삶에 대하여 새롭게 사유하는 주체로 다시 태어나게 한다.

이런 주체의 감정은 오늘날의 삶의 현실에서 우리가 가지는 이기적이고 적대적인 감정을 벗어나 모든 관계와의 연대성을 통해 새로운 세계를 꿈꾸게 한다. 그리하여 나무에 대한 가지치기(「가지치기」), 한여름에 두 번이나 꽃을 피우는 홍조팝(「두 번 피는 꽃」), 고양이 루키에 대한 눈물겨운 사랑(「루키」), 반려 강아지 말리에 대한 이야기(「반려동물 이야기」)에서와 같이, 자아와 타자와의 연대는 조화롭고 통합적인 생명 의식을 이루게 되고 인간 세상에서의 선악과 미추를 초월하는 세계를 꿈꾸게 만든다.

함무성의 수필은 언제나 자아와 타자를 긴밀하게 연결하며 주체가 고립되거나 소외되기보다는 하나가 되어 교류하는 관계적 자아를 보여준다. 여기서 관계적 자아는 인간과 자연, 인간과 다른 생명체와의 상생과 조화를 이루는 자아이며, 이를 통해 작가는 모든 관계에 포용과 승화를 이루게 된다. 이런 작가의 사고는 “인간만이 고등생명체가 아니다. 언어가 다르다 하여, 우리가 그들의 언어를 모른다하여 그들을 낮춰 볼 수는 없는 일이다. 그들이 우리의 음성을 알아듣듯 우리도 그들의 마음을 읽어 주는 것이 공평"(「만지다」)하다고 여기는 작가 의식에서 나온다. 작가는 서로 순환하면서 상생하는 자연에 자신의 삶과 사유를 대비하고 종합하면서 이런 삶의 이치가 근본적이며 절대적임을 보여준다. 이를테면 작가가 한 그루의 나무와 한 송이의 꽃, 그리고 한 마리의 동물들과 함께 언어를 나눌 수 있는 것은 절대적인 자연의 질서를 통해 생명체를 더욱 사랑으로 만지고 포용하려는 노력과 의지가 있기에 가능하다. 포용과 승화는 사랑의 마음을 통해 확장되고 확고해진다. 함무성의 문학이 지닌 이런 생태주의적 관점은 인간과 자연, 인간과 세상에 대한 유기적인 관계를 위해 삶의 공동체를 수용하고 포용하는 자세에서 나오는 글쓰기 문법이랄 수 있다.

말하자면, 함무성 수필은 항상 원초적인 자연의 모습에서 직접적이고 실감있는 문학적 인식을 얻고 있다. 그의 수필은 노자의 『도덕경』에 나오는 구절, "사람은 땅을 본받고 땅은 하늘을 본받는다人法地 地法天."는 말을 연상시킨다. 여기서 사람이 땅을 본받는다는 것은 땅과 하나가 된다는 것, 사람이 땅과 하나라는 사실을 깨닫고 그로 인해 삶의 의미를 인식하며 살아간다는 것을 의미한다. 이는 곧 원초적인 자연의 원리와 섭리를 삶의 현재 속에 육화시키고, 이를 문학적 상상력의 본질적 원리로 받아들이겠다는 의지이기도 하다. 자연은 작가의 상상력을 불러일으키고 그 생명력을 통해 자신을 드러내고 말을 건넨다. 이때에야말로 작가는 생명의 상상력을 통해 우주적 자아를 만들어 내게 된다. 따라서 문학작품을 감상하는 진정한 즐거움은 자연의 영혼과 그 생명성에 대한 깨달음을 통해 진정한 자아의 모습을 발견하는 것을 의미한다고 할 수 있다.

이 같은 함무성의 수필 세계는 오늘날 상실되어 가는 생명의 가치와 의미에 대하여 많은 시사를 제공한다는 뜻깊은 의의를 지니는 것이지만, 이는 더 나아가 우리 수필에서 만연하고 있는 개인성과 일상성의 동어반복에서 벗어나야 할 당위성에 대한 문제 제기라는 점에서 더욱 중요한 의미를 지닌다. 실로 지금 우리는 이 지상에서 죽어가는 생명에 대해, 그와 더불어 함께 갈 길을 찾지 못한 채 헤매고 있는 문학의 현실에 눈감고 있다고 해도 지나치지 않다. 이제 삶과 문학에서 새로운 생명 복원의 가능성을 위해 깊게 사유해야 할 시점에 서 있다고 할 때, 수필집 『실뜨기』에 실린 많은 작품은 이런 우리들의 논의에 많은 단서와 문제 제기를 제공하고 있다.

2. 생명의 글쓰기와 함무성의 수필

생명에 대한 공감과 사유로 이루어진 함무성의 체험은 주로 작가가 생활하는 '숲속마을'에서 이루어진다. 가까이는 집 안과 마당에서 태어나 자란 동물과 식물, 집 밖으로 나가면 넓게 펼쳐진 산과 들에서 만나는 다양한 종류의 생명체가 그에게 지구라는 넓은 집을 함께 쓰는 존재이다. 그들은 그저 심심할 때 함께 놀고 구경하는 이질적인 생명이 아니라 가족보다 더 많은 시간을 함께 보내는 벗이고, 때로 자신과 그들을 구분하지 못할 정도로 가까운 관계이다. 자연이라는 어머니 품 안에서 서로 다른 생김새로 태어나 함께 자라는 생명, 그들과 교감하면서 서로 다른 존재가 아니라 함께라는 마음가짐이 함무성의 자연과 생명에 대한 본질적 태도이다. 그야말로 함무성이 자연을 받아들이고 모든 생명을 존경과 경외의 마음으로 존중하는 태도의 출발점이다. 이를테면 '숲속마을'에서 공유하는 생명체들에 대한 작가의 마음을 읽어보자.

> 이른 아침의 부지런한 딱따구리 소리는 또 얼마나 청아한가. 비 온 뒤에 마당가에 어슬렁거리는 두꺼비는…. 모두가 이 마을의 가족이다.

그것뿐인가. 울타리도 없이 아래위로 옹기종기 모여 있는 마을에 씨앗을 맘대로 날려 집집마다 퍼진 엉겅퀴며 두메양귀비, 하얀 데이지꽃은 마을을 한 덩이로 묶어주는 또 다른 가족이다. 생명을 가진 모든 것들은 함께 연결되어 있으며 더불어 살아야 한다. 어느 누구도 홀로 섬이 되어 살 수는 없다.

—「숲속마을 가족」에서

한 작가로서 생명을 다루는 그의 태도는 생명에 대한 사랑이 근원이고 울타리이며 판단의 준거가 된다. 무엇이 인간에게 이롭고 해로운가가 아니라 어떻게 다가서야 인간과 타자가 함께 살고 생태계 전체가 상처 없이 순환의 고리를 이어 가며 공존할 수 있는가를 생각하는 것이 진정한 생명에 대한 작가의 마음이다. 크고 작은 생명체를 애정 있는 마음으로 바라보는 시선이란 그래서 중요한 것이며, 이기심 없이 모든 생명체에 기울이는 사랑이란 그래서 아름다운 것이다. 위에서 인용된 '숲속마을 가족'들은 다른 가족이 아니고, "생명을 가진 모든 것들은 함께 연결되어 있으며 더불어 살아야 한다."는 작가의 인식으로 인해 하나가 되는 것이다.

이렇게 함무성의 작품에서는 인간과 자연, 인간과 인간 사이의 모든 관계의 연대성을 강조하면서 새로운 세계를 꿈꾸게 된다. 그래서 그들은 삶의 대목 대목이 쌓여 단단한 생명의 연대를 이루게 된다. 생명체들과 교감을 이루면서 작가는 우리가 잊었던 자연의 품으로 우리를 안내한다. 동시에 우리가 타자로 여겼던 다양한 생명체를 똑같이 소중한 존재로 여기는 눈을 되찾게 해준다. 작가의 생명에 대한 사랑은 그것이 식물이든 동물이든 어느 한곳에만 한정되는 것이 아니다. 예컨대 반려동물들에 대한 이야기는 그들에게 작가가 얼마나 지극한 마음을 지니고 있는가를 잘 보여준다.

> 수십 년 동안에 내게 왔다가 떠난 업둥이들 이름을 적어본다. 봉이, 깜비, 신비, 다솔이, 라삐, 로삐, 루삐, 토토, 바다, 리노, 말리, 관우, 루키…. 그러고도 지금은 구름이, 강이, 까미와 함께 살고 있다. 고양이, 병아리, 개들과 오랜 시간을 함께 살았다. 녀석들도 지각 능력이 있어 가족으로 존중 받아야 할 존재로 깊게 인식이 된 터이다. 그 많은 녀석들이 스쳐가는 동안 온갖 희로애락을 다 겪었다. 병사, 사고사, 안락사로 묻어준 녀석들을 생각하며 생명의 유한함을 자연스레 받아들이게 되었다.
>
> —「반려동물 이야기」에서

위 작품에서 "수십 년을 동물들과 살았으니 나는 그들만의 언어와 생각을 어림잡아 안다. 그들도 배려 받고 존중받아야 할 소중한 생명체이다."라고 표현되고 있듯이, 「루키」, 「만지다」, 「숲속마을 가족」 같은 작품에서도 생명에 대한 작가의 지극한 사랑의 마음은 여실히 드러나고 있다. 그렇다면 생명에 대한 작가의 사랑의 마음은 어떻게 표현되는 것인가. 작가가 생명을 대하는 태도에서 우리가 무엇보다 주목할 것은 그것이 만남과 접촉의 미학에서 우러나온다는 것이다.

> 식물도 다르지 않다. 한 화분 속에서 이십 년 넘게 거주하고 있는 관음죽과 군자란은 거실의 터줏대감이다. 특별히 분갈이도 하지 않았고 물만 주고 사람과 한 공간에서 떠들썩하든, 고요하든 서로 부딪치며 살기만 할 뿐인데도 건강하고 당당하다. 이웃사람들은 동식물을 잘 기르는 비결을 묻기도 하지만 되짚어 생각해 봐도 특별한 비결이랄 건 없다. 동물과 더불어 거의 모든 식물도 만져주기를 좋아하는 것 같다.
>
> — 「만지다」에서

간혹 '만지는 것'을 싫어하는 새침데기 같은 미모사도 있고, 엄나무나 탱자나무처럼 아예 접근 금지령을 내리는 나무도 있기도 하지만 많은 동물과 식물은 서로 만져주기를 좋아한다. 인간에 대해서와 마찬가지로 동물과 식물에 대한 진정한 사랑은 만남과 접촉에서 우러나오는 것인지 모른다. 오늘날 우리는 이웃이 없는 시대에 살고 있지만, 이것은 바로 만남과 접촉이 없기 때문이다. 모두 스스로 경계를 치고 담장을 치면서 살아가고 있다. '만지다'라는 말로는 부족할지 모르지만 한 생명을 알고 그 생명에 가까이 다가가기 위해 작가가 기울이는 만남을 위한 노력은 바로 사랑의 다른 표현이다.

누군가를 사랑하는 일, 한 생명이 다른 생명을 사랑하는 일에는 상대방에 대한 관심과 이해와 존중이 우선되어야 하듯, 인간과 전혀 다른 생김새와 속성을 가진 뭇 생명에 다가가는 일에는 그 생명의 삶에 대한 이해가 전제되어야 한다는 것을 함무성은 몸소 보여 준다. 내 몸이 시리고 아파도 때로 내 일상을 포기해야 하는 일이 있더라도, 그들에게 해가 되지 않는 방식으로 그 생명을 진정으로 만지고 만나는 일이야말로 사랑으로 채워진 생명 존중의 마음이다.

3. 삶의 위기와 생명의 가치

인간이 당면하고 있는 삶의 위기를 변화시킬 수 있는 다양한 처방이 나오고 있지만, 우리에게 무엇보다 중요한 것은 사랑의 회복이라 할 수 있다. 이를테면 타자를 사랑하는 태도야말로 우리 자신을 살 수 있게 만든다는, 이를테면 "누군가를 사랑한다는 것은 그 사람이 살게끔 하는 것이다愛之 欲其生"(『논어』, 12권 10장)는 마음이 진실로 중요한 것이다. 여기서 '산다'는 것은 물론 사람답게 평화와 행복을 누리는 삶을 의미하지만, 서로가 서로의 생명을 지키는 것과도 무관하지 않다. 진실로 사랑하는 일은 남의 생명을 지켜주는 일이고, 그리고 사랑하는 사람들을 위해 내 생명을 지키는 일이 기본이다. 우리의 가치 있는 삶을 위해 생명을 소중하게 여기는 일은 무엇보다 중요한 것이다. 함무성의 삶과 문학에서는 이같은 정신이 깊게 우러나오고 있다. 「생강나무를 생각하다」에서도 작가의 이런 정신은 잘 드러난다.

> 뜰에서 가장 먼저 봄을 알리는 생강나무 꽃이 튀밥 튀듯 노랗게 피어나더니 뒤이어 아랫집에 있는 샛노란 산수

유 꽃이 몽글몽글 피어난다. 아랫집 산수유나무의 노랑꽃은 목을 길게 빼고 가드락거리며 우리 집 삼남매를 올려다보고 있다. 으스대는 듯하다. 꽃자루가 짧아 가지에 오종종하게 붙고 간격도 드문드문한 생강나무 꽃은 산수유나무 꽃에 비해 소박하다 못해 초라한 모습이다.

숨을 고르며 골짜기에 무리를 지어 자라고 있는 생강나무들을 본다. 정원에서 산수유나무에 밀려난 생강나무처럼 얼핏 보기에 보잘 것 없어 보이는 생명체들이 우리 주변에는 참 많다. 그러나 주위의 도움도 없이 스스로 지탱해 나가는 온갖 풀과 나무들, 벌레들, 크고 작은 짐승들까지 개체성을 유지하며 온 생명의 삶을 이어 간다는 것은 얼마나 경이로운가.

— 「생강나무를 생각하다」에서

한 계절에 마당 한편을 가득 차게 번지는 종지나물 꽃, 바람에 날려 사명을 다하는 엉겅퀴 씨앗, 뱀이 벗어 놓고 간 허물, 정교한 솜씨로 집을 짓고 먹이를 기다리는 거미까지도 모두 나름의 생명력을 지니고 존재한다. 작은 생명들이 모여서 인간과 삶의 전체 현상으로 이어지고 이런 생명현상을 바라보면 결코 자연과 인간은 분리해서 생각할 수 없다. 그렇지만 인간은 작은 생명체를 배려하지 못하고 함부로 대하고 있다. 이런 생각을 반영하듯 작가는 "한때는 나도 그랬다. 나무들 사이의 거미줄을 사정없이 털어내고 개미굴속에 물을 붓던 나는 미미한 생명들에게 너무나 무관심했고 이기적이었다."고 자책한다.

한 존재와 다른 존재 사이에서 공유되고 전달되는 감정의 힘은 생명을 가진 존재가 더욱 커다란 힘으로 존재할 수 있는 역량으로 발전하게 한다. 우연히 만난 익명의 존재에 우리가 보내는 따뜻한 눈빛을 보낼 수 있으려면 그 자신의 감정과 사유 또한 역시 열려 있어야 한다. 그런 점에서 자연과 생명에 대하여 작가가 간직하고 있는 사랑과 희망의 감정은 그 자체로도 귀중한 삶의 구원이 될 수 있다. 그것은 살고자 하는 존재가 마땅히 꿈꿀 수 있는 지극히 당연하고 현실적인 희망이기 때문이다. 자연과의 관계에 대한 자기반성의 태도는 작가를 또 다른 깨달음에 이르게 한다.

「생강나무를 생각하다」에서 자기반성을 보여주는 작가 인식은 「엉겅퀴」에서는 깊은 깨달음의 단계로 나아간다. 작가는 엉겅퀴를 통해 자연 현상과 인간 삶의 진리를 읽어내고자 한다. 너럭바위 아래 바짝 붙어 자라는 엉겅퀴는 화려했던 꽃들이 시들어가고 꽃송이 속에 머리를 박고 있다. 또한 꿀을 모으던 벌들도 꽃받침 아래에 한두 마리씩 죽어 있는 것이 보인다. 이곳저곳에 흩어져서 피고 있는 엉겅퀴꽃에서 죽은 벌들은 마치 순교자의 모습같이 경건해 보인다.

이런 모습을 통하여 작가는 자연 현상에서 엄밀히 이루어지는 생명의 존엄함을 읽는다. 모든 생명은 제자리에서 생명체로서의 존엄을 지니고 있다. 이들의 생명을 빼앗는 것은 죄악이 틀림없다. "지상의 생명체들은 햇빛을 받으려 안간힘을 쓰고, 지하의 생명체들은 어둠을 안식처로 삼는다."는 작가의 인식은 예사롭지 않다. 엉겅퀴의 씨앗은 작지만 다 자란 엉겅퀴는 마치 창과 방패로 무장한 장군 같은 모습이다. 하늘을 향해 펼친 잎끝마다 가시를 달고 "누구든 나를 건들면 무사하지 못하리라."고 외치면서 척박한 땅에서도 잘 자라고 퍼져나가는 속도도 빠르다. 이를 보면서 작가는 고독하지만 엄격하고 독립적이라는 엉겅퀴의 꽃말이 잘 어울린다고 생각한다.

여러 그루의 엉겅퀴 중에서도 너럭바위 틈에 자리 잡고 거세게 자라는 왕 엉겅퀴가 나는 좋다. 튼실한 꽃대와 누구도 접근하지 못하도록 잎 끝에 날카로운 가시를 달았다. 엉겅퀴의 꽃말이 엄격, 고독한 사람, 독립이라는 뜻을 지녔다 하니 더욱 호감이 간다. 매사를 줏대 없이 망설이고 끈기조차 부족해서 무슨 일이든 시작만 그럴듯한 나는 엉겅퀴의 그 어엿한 위세와 끈질기게 확장해 나가는 열정이 부럽다. 오늘 나는 엉겅퀴의 삶에서 만다라 수행의 의미를 찾는다.

— 「엉겅퀴」에서

작가는 엉겅퀴의 삶에서 만다라 수행의 의미를 찾는다. 작품에서 엉겅퀴가 일종의 보조관념이라면 만다라는 원관념으로 차용된다. 만다라는 우주 법계法界의 온갖 덕을 망라한 진수를 그림으로 나타낸 불화佛畵의 하나이다. 만다라(Mandala)에서 만다(Manda)는 '진수' 또는 '본질'이라는 뜻이며, 라(la)는 '변한다'는 뜻이다. 따라서 만다라의 본래 의미는 본질이 여러 가지 조건에 의해서 변하게 된다는 것이며, 이 같은 의미를 지니는 불화를 뜻한다. 따라서 만다라는 다양하게 전개된 정신의 원리와 형태를 통일하는 의미를 지닌다. 「엉겅퀴」의 화자는 엉겅퀴의 삶에서 만다라 수행을 본다.

꽃과 벌의 공생이 절정이었을 때 꿀벌들은 머리를 엉겅퀴 꽃 속에 들이밀고 엉덩이를 하늘로 치켜든 채 꿀을 모았었다. 뒷다리에는 노란 꽃가루를 한 덩이씩 달고 일벌

> 의 사명을 다하고 있었는데 시들어 가는 꽃송이 아래 벌들이 죽어 매달린 사건의 실마리가 풀렸다. 벌들은 불꽃 같은 삶을 완성했고 이제 조용히 해체되는 중이었다.
>
> —「엉겅퀴」에서

그곳에는 생성되고 번성한 후 평온하게 한 생을 해체시켜 무無로 돌아가는 우주의 섭리가 있다. 모든 만물은 만다라의 정신인 '공空'을 실천하면서 최선을 다해서 살아가야 한다. 이런 정신에 의하면 인간의 삶도 더욱 비우고 겸손해야 할 것을 요구한다. 모든 탐욕과 이기주의에서 벗어나 남을 위해서 희생하고 이타적 정신을 가진다면, 이 세상은 더욱 평화롭고 아름다운 삶의 공간이 될 것이다.

「엉겅퀴」는 우리의 삶에서 공감과 공생의 가치가 얼마나 중요한 것인지 그를 통하여 새로운 윤리적 삶의 의미를 강조하고 있다. 이것은 오늘날 우리들의 삶이 지향해야 할 보편적인 가치의 문제이기도 하다. 이를 해결할 수 있는 것은 서로에 대한 사랑이며, 그 사랑을 살려내는 것만이 우리가 할 수 있는 유일한 선택이다. 그러한 목소리는 만다라의 정신과 같이 모두가 함께 살아야 한다는 공존의 목소리로 확산되어야 한다고 작가는 힘주어 말한다.

4. 에로티시즘의 생명성

오늘날 삶과 예술에서 에로티시즘의 표현은 거의 보편적이고 대중적인 현상이 되었다. 과히 우리는 에로티시즘이 널리 개방되고 유통되는 시대에 살고 있다고 해도 지나치지 않다. 인간에게 성은 가장 고귀하고도 신성하지만 감각적이고 본능적인 측면이 강하여 그것을 환기하거나 표현하기 위해서 다양한 문학적 이미지나 표상들이 동원된다. 성서에 나오는 아담과 이브의 이야기에서부터 고대 그리스의 여러 신화에서도 에로티시즘이 어김없이 등장하면서 성에 관련된 문학적 표현의 뿌리는 깊다. 특히 현대 사회에서 에로티시즘을 가능케 하는 몸은 생물학적인 접근에서 발전하여 문화적 사회적 매개물이 되었다.

『실뜨기』에서 작가는 다양한 에로티시즘의 표현을 제시하고 있다. 「두 번 피는 꽃」에서는 한여름에 두 번이나 꽃을 피우는 홍조팝의 회춘을 보는가 하면, 「지하세계」에서는 짝을 찾아 서로 정자를 주고받는 자웅동체의 풀벌레들 모습을 바라보기도 한다. 그러나 함무성의 작품에서 흔히 드러나는 에로티시즘의 표현이 단순히 암컷과 수컷의 성애를 보여주고자 하는 흥미로움이나 호기심의 발로에 의한 것은 아니다. 작가의 에로티시즘의 표현은 암수라는 생명의 유기적 관계의 표현이며 이를 통한 진정한 생명력의 의미를 제시코자 한 것이다. 이를 가장 적극적으로 표현한 작품은 수필집의 표제작이기도 한 『실뜨기』이다.

『실뜨기』는 '실뜨기'로 표상되는 에로티시즘의 설정 속에서 자연과 생명 현상의 본질적 모습을 보여주고자 한다. 에로티시즘은 자연 속에서도 어김없이 생명 현상으로 살아 숨쉰다. 자연 속의 모든 생명은 일차적으로 수컷과 암컷의 접합에 의해 이루어진다는 것은 당연한 현상이다. '실뜨기'는 어렸을 적 화자의 자매들이 하던 놀이였다. 어머니는 이들에게 조용히 놀 수 있는 놀이로 실뜨기를 가르쳐 주었다. 자매는 무릎을 맞대고 앉아 굵고 긴 실을 둥글게 매듭지어 실뜨기 놀이를 한다. 그렇지만 사춘기를 거치며 어머니가 가르쳐준 '실뜨기'는 또 다른 의미를 지니고 있다는 것을 알게 된다.

곤충들의 실뜨기는 보기에 관능적이다. 등에 업혀 붙은 놈, 긴 꼬리를 말아 둥글게 모양을 만들고 둘이 붙은 채 하늘을 나는 놈. 뒤집어진 채로 데굴데굴 구르면서도 붙어 있는 놈, 나름 형이상학적인 오르가슴을 즐기는 것 같다. 그럼에도 음탕해 보이지는 않는다. 그들의 한 살이 과정에서 후손을 남겨야하는 사명使命이 인간이 추구하는 쾌락과는 사뭇 다르기 때문일까. 접사렌즈로 풀벌레들의 모습을 찍었다. 참깨 밭에서 사랑을 부르는 노린재는 엉덩이를 훼훼 흔들며 터울거리다가 짝이 정해지면 엉덩이끼리 잇댄다. 머리는 서로 반편을 향한 채 미동도 없다. 미세한 움직임으로 사랑의 기쁨을 누리는 동안에는 사람의 인기척도 두려워하지 않는다.

— 「실뜨기」에서

아이들은 곤충과 사람들의 실뜨기를 보게 되고, 그들을 통하여 암컷과 수컷이 나누는 에로티시즘을 깨닫는다. 외견상 이 작품은 실뜨기를 통하여 성의 체험을 보여주는 듯하지만, 작가는 더욱 깊은 자연의 생명성과 자연의 섭리를 이야기하고 있다. 작품에서 화자는 실뜨기를 통하여 자연 세계에서 이루어지는 수컷과 암컷의 생명의 원리를 파악하게 된다. 아이들이 실뜨기를 통하여 에로티시즘으로 빠져들어 가듯이, 자연현상 속에서 수컷과 암컷이라는 하나의 생명을 가진 유기적 존재를 이해하게 되고 그럼으로써 그들의 상호의존적 조화와 균형의 관계를 알게 된다.

이는 이른바 생태론에서 강조하는 유기적 관계성의 지향을 보여주는 상상력이다. 「실뜨기」에서 그러한 상상력은 생물들의 성관계에 대한 묘사를 통하여 자연스럽게 나타난다. 작가의 말대로 자연의 섭리는 오묘하고 경이롭다. "후손을 위해 넉넉히 양분을 섭취한 암컷은 몇 주 지나 돌 틈과 나무 뿌리 사이에 알을 낳은 후 홀쭉해진 배와 기진한 팔다리를 숲에 내려놓는다. 먼저 보낸 수컷을 따라가려는 듯 기꺼이 생을 마친다." 그들의 숭고한 사랑 방식을 풀잎과 들꽃들은 알 것이라는 진술에서처럼, 수컷과 암컷의 사랑의 방식을 면밀하게 관찰하면서 이루어지는 작가의 자연현상에 대한 인식은 다분히 생태철학적 관점에 의한 것이다. 작품에서 자연 속의 암컷과 수컷, 풀잎과 들꽃은 모두 하나로 어우러져 생명 현상을 이룬다.

생태 철학에서는 지구 전체를 하나의 생태 현상으로 보고, 지구 생태계를 이루는 모든 동식물이라는 자연 개체가 다 유기적으로 살아있는 주체라 여긴다. 여기서 이런 유기적인 관점은 물활론적이고 범신론적인 사유체계를 추동한다. 모든 생물학적 현상들을 물질과 운동이라는 입장에서 환원해 설명하려 했던 기계론적 자연관은 근대 자연과학 발달의 사상적 배경이자 세계관의 핵심적 특징이 되었다. 그러나 이런 기계론적 자연관은 자연을 생명 없는 물질적 재료로 간주하였던데 반해, 유기체론은 자연을 스스로 성장과 발생을 거듭하는 살아있는 주체로 본다. 이런 점에서 「실뜨기」에서 보여주는 자연과 생물에 대한 작가의 상상력은 유기체론적 자연관에 바탕을 둔 것이다.

긴 눈이 내리는 겨울밤, 부부가 숨죽이며 실뜨기하듯이 섬서구메뚜기들의 삶도 절정에 이른다. 인간과 섬서구메뚜기들의 에로티시즘은 절정에 이르고 그들의 성애는 곧 생명현상의 본질이기도 하다. 이제 화자는 자연 속 미물들의 실뜨기를 바라보며 "풀벌레들의 실뜨기 향연을 축복하며 곧 끝나게 될 그들의 마지막 생生을 기다려 주자."고 다짐해본다. 그들도 창조주가 우리에게 준 선물이기 때문이다. 「실뜨기」에서 작가의 에로티시즘은 신성하고 아름다운 생명력으로 형상화된다. 그러기에 생명으로 충만한 원초적 질서를 회복하려는 의식 속에서 자연과 인간의 진정한 생명의 모습을 엿볼 수 있게 된다. 자연의 기본적 질서는 생명의 생성과 순환 관계에 있다고 할 때, 생명을 전제로 한 성행위는 자연 본연의 질서를 효과적으로 보여주는 방식이 된다.

「실뜨기」는 자연과 생물을 일치하고자 하는 노력 속에서 생명의 질서와 조화와 아름다움을 추구한다. 그럼으로써 현대인이 상실한 진정한 인간과 자연의 생명력 있는 관계를 찾고자 한다. 자연 속에서 수컷과 암컷이 서로 사랑을 나누며 생성하고 소멸하는 과정에 대한 탐색은 원초적인 생명과 생명 현상의 본질을 이해하고자 하는 노력과 같다. 「실뜨기」의 에로티시즘이 아름답게 보이는 이유가 여기에 있다.

여기서 더 나아가 작가는 생명의 에로티시즘을 통하여 생명과 죽음의 의미를 추적한다. 이를테면 「지하세계」에서 지렁이의 삶을 통해 작가는 밝음과 어둠의 세계에서 살아가는 존재의 의미를 읽고자 한다. 기실 우리의 삶은 지렁이에 의해 표상되듯 지상과 지하, 낮과 밤, 밝음과 어둠으로 이루어진다.

고단한 한낮을 보내고 맞이하는 우리의 밤은 지하세계에 상응한다. 겉옷도 다 벗어놓고 화장기조차 지워버린 밤은 더없이 편하다. 보는 이 없는 시간에 사랑하는 이에게 연서를 쓰기에도 좋고, 등 뒤에서 내게 상처를 준 이조차도 밤의 평안 속에서는 다 용서할 수 있겠다.

쉬지 않고 도는 지구 위에서 우리는 매일 지하세계와 지상세계를 번갈아 오르내린다. 밤의 어둠이 없다면 어느 곳에서 온전한 평안을 느낄 수 있을까. 이루어진 것과 이루어질 것들 사이를 오가며 가치 있는 것을 찾기에도 밤과 어둠은 내게 선물이다. 지렁이 나라를 통해서 생각해본 지하세계는 내 의식의 지평을 넓혀 주었다.

— 「지하세계」 에서

「지하세계」는 밤과 낮, 혹은 지상과 지하의 세상에 대한 깊은 의미 탐색으로 읽힐 수 있다. 일견 당연해 보이는 이런 주제는 우리 수필계의 현재를 조금만 예민하게 들여다본다면, 분명히 다른 차원의 의미를 지닌다. 지금 우리 수필계에서 많은 작가는 바깥과 빛의 세계에만 안주하고 있지만, 함무성의 수필은 지상과 지하의 세계 혹은 낮과 밤의 세계를 동시에 탐색하고자 한다. 그래서 그의 수필은 "화려한 도시의 불빛보다는 다소곳한 시골 동네의 은은한 불빛이 좋다. 어머니의 '태' 속에서 시작한 생명이니 어둠이 원초적인 평안을 주는 건 당연하다."(「그늘」)고 여긴다. 낮의 세계의 고정된 고유성과 정체성에 머물지 않고, 밤의 세계로부터 새로운 삶과 존재의 의미를 탐색하고자 하는 작가의 모습을 통하여 우리는 함무성 수필의 깊이와 넓이를 가늠케 된다.

함무성의 수필은 사물과 세상에 대해 쉽게 단정 짓거나, 단숨에 무언가를 해결하고자 하지 않는다. 그러면서도 그는 지상이 아닌 지하의 세상으로부터 건져 오는 삶의 시니피앙에 대해 우리를 사유케 한다. 그의 작품은 견딜 수 없는 삶의 고통과 슬픔을 견뎌내느라 주변부를 서성이고 있는 다른 수필들과 달리 안과 밖의 경계를 넘나들면서, 또 다른 낯선 세상의 의미를 탐색하는 데 바쳐진다. 그리하여 우리는 인간과 세상에 대해 새로운 의미를 탐색하고 확장해 나간다.

5. 맺으며

지구상의 인간과 자연이 동반자로서 공동체의 일원이라는 인식을 가졌다면 지금과 같은 삶의 위기가 존재하지 않았을지도 모른다. 우주공동체의 관점에서 보면 동물이나 나무와 꽃과 같은 생물체에서부터 만물의 영장이라고 하는 인간은 모두 하나의 유기적 관계의 그물로 연결되어 있다. 인간 아닌 모든 피조물도 인간과 대립해야 하는 존재가 아니라 동등한 이웃이다. 이런 의미에서 문학이란 본질적으로 자연과 인간에 대한 깊은 연민과 사랑의 정서에서 출발하는 것이라 할 수 있으며, 동서양의 많은 문학에서 하늘, 땅, 별과 같은 자연을 통하여 우주와 세상에 대한 근원적 섭리를 노래해 온 것도 이 때문이다.

함무성의 많은 수필은 자연과 세상의 만물을 이웃으로 생각하고 그들에 대한 연민과 사랑의 시선을 보내고 있다. 작가의 이런 인식은 바로 자연과 우주의 만물은 공존해야 한다는 생태학적 상상력에 기초한 인식의 산물이라 할 수 있다. 함무성의 수필 읽기를 마치면서, 우리는 사르트르가 「문학이란 무엇인가」에서 한 것과 같이 "우리는 이 시점에서 과연 무엇을 위한 문학을 할 것인가."라는 원론적 질문을 다시 던지게 된다. 현시점에서 우리가 던져야 할 문학의 현재성에 대한 분명한 대답은 바로 문학은 영원한 생명을 위한 노력을 기울여야 한다는 사실이다. 이런 노력에 의해서 위기에 처한 우리의 삶과 문학은 새로운 희망을 가질 수 있게 될 것이고, 함무성의 수필은 바로 그러한 노력에 바쳐지고 있다는 점에서 중요한 의의를 지니고 있다.

그의 수필에서 끊임없이 강조되고 있는 것은 이 세상에서 보이는 혹은 보이지 않는 곳에도 생명은 있다는 사실이다. 더 나아가 이 지상의 모든 생명은 서로 이어져 있으며 함께 살아가야 한다는 사실은 더욱 강조된다. 함무성은 모든 생명체에게 가까이 다가가서 그들과 함께 공생적 삶의 가치를 모색하고자 하는 정신을 지니고 있는 작가이다. 그런 의미에서 수필집 『실뜨기』는 자연과 함께 이룬 소중한 생명의 서사적 기록임이 틀림없다. 앞으로 전개될 그의 문학 세계도 영원한 생명성을 지닌 것이 되기를 소망하면서 글을 마친다.